AF220618

JACOB BLACKBIRD
(PSEUDONYM)

HORROR IM WOLKEN-KUCKUCKSHEIM

EIN CHRIST MIT SCHIZOPHRENIE BERICHTET

Über den Autor

Der Autor, Jahrgang 1976, lebt in Bayern. Er machte eine technische Ausbildung und arbeitete jahrelang in diesem Beruf. Eine schwere psychische Krankheit, die schon in jungen Jahren auftrat, zwang ihn dazu, Fragen zu stellen. Wer ist Gott? Könnte Gott mir helfen? Wie kann ich bewirken, dass Gott mich akzeptiert?

Antworten fand er in der Bibel und im christlichen Glauben, letztendlich bei Jesus Christus selber. Nachdem der Autor seinen Beruf nicht mehr ausüben konnte, hatte er seine Arbeit ins Internet verlagert, wo er mehrere Blogs und ein Forum betrieb. Er nutzte die sozialen Medien, um den christlichen Glauben dort zu verbreiten. Zur Zeit sucht er nach neuen Aufgaben.

Inhaltsverzeichnis

Über den Autor...4

Inhaltsverzeichnis..5

Vorwort...6

Vater trinkt und Gott ist streng...11

Stephen King und der Grey..31

Zusammen und doch nicht eins...49

Eine Psychose bahnt sich an..63

Husten...83

Auf der Suche nach Gott...101

Besuch von Gott?..103

Auf göttlicher Mission..115

Verdammnis..125

Vom Land in die Stadt...139

Endstation Psychiatrie..155

Die Wende...165

Heute...179

Flucht aus dem Wolkenkuckucksheim...183

Ratschläge für Schizophrenie-Kranke.......................................225

Jesus kam, uns zu erlösen, preiset den Herrn..............................231

Bonus: Linkliste..233

Vorwort

26 Und sie fuhren in das Gebiet der Gadarener, das Galiläa gegenüberliegt. 27 Und als er ans Land gestiegen war, kam ihm ein Besessener aus der Stadt entgegen, der seit langer Zeit Dämonen hatte und keine Kleider mehr trug und sich auch in keinem Haus aufhielt, sondern in den Gräbern. 28 Als er aber Jesus sah, schrie er, warf sich vor ihm nieder und sprach mit lauter Stimme: Was habe ich mit dir zu tun,4 Jesus, du Sohn Gottes, des Höchsten? Ich bitte dich, quäle mich nicht! 29 Denn Er hatte dem unreinen Geist geboten, von dem Menschen auszufahren; denn der hatte ihn schon lange Zeit in seiner Gewalt, und man hatte ihn mit Ketten gebunden und mit Fußfesseln verwahrt, aber er zerriß die Fesseln und wurde von dem Dämon in die Einöde getrieben. 30 Jesus aber fragte ihn und sprach: Wie heißt du? Er sprach: Legion! Denn viele Dämonen waren in ihn gefahren. 31 Und er bat ihn, er möge ihnen nicht befehlen, in den Abgrund zu fahren. 32 Es war aber dort eine große Schweineherde an dem Berg zur Weide, und sie baten ihn, daß er ihnen erlaube, in jene zu fahren. Und er erlaubte es ihnen. 33 Da fuhren die Dämonen von dem Menschen aus und fuhren in die Schweine, und die Herde stürzte sich den Abhang hinunter in den See und ertrank. 34 Als aber die Hirten sahen, was geschehen war, flohen sie und gingen hin und verkündeten es in der Stadt und auf dem Land. 35 Da gingen sie hinaus, um zu sehen, was geschehen war, und kamen zu

Jesus und fanden den Menschen, von dem die Dämonen ausgefahren waren, bekleidet und vernünftig zu den Füßen Jesu sitzen, und sie fürchteten sich. 36 Die aber, welche es gesehen hatten, erzählten ihnen auch, wie der Besessene gerettet worden war. 37 Da bat ihn die ganze Volksmenge aus der umliegenden Gegend der Gadarener, von ihnen wegzugehen; denn es hatte sie eine große Furcht ergriffen. Er aber stieg in das Schiff und kehrte zurück. 38 Der Mann aber, von dem die Dämonen ausgefahren waren, bat ihn, daß er bei ihm bleiben dürfe. Aber Jesus entließ ihn und sprach: 39 Kehre zurück in dein Haus und erzähle, was Gott dir Großes getan hat! Und er ging und verkündigte in der ganzen Stadt, was Jesus ihm Großes getan hatte.
(Lukas 8,26-39)

Die Geschichte des Gadareners ist eine zeitlose Geschichte, in dem Sinne, dass sie uns auch heute etwas zu sagen hat.
Sie ähnelt meiner Geschichte. Natürlich ist meine Geschichte ein wenig anders...

Meine Geschichte ist wahr, so wie ich sie hier beschreibe. Sie spiegelt meine Erlebnisse wieder. Wenn man wahnsinnig wird, dann hält man das, was man erlebt, für die Wirklichkeit. Der menschliche Geist und der Verstand sind hoch komplex. Wir Menschen haben durch unseren Geist die erstaunlichsten Dinge vollbracht. Menschen können heute die DNA erforschen. Sie haben entdeckt, wie die kleinsten Zellen funktionieren. Sie haben es geschafft zum Mond zu fliegen und in wenigen Stunden in weit entfernte Länder zu reisen.

Der menschliche Geist kann auch träumen, wenn wir nachts schlafen. Man kann schöne Träume haben oder Albträume. Doch was ist, wenn man am helllichten Tag Albträume hat? Was ist, wenn die wahrgenommene Realität sich in einen Albtraum verwandelt, aus dem man nicht mehr entrinnen kann, weil man darin festsitzt? Was geschieht, wenn man sein selbst geschaffenes 'Wolkenkuckucksheim' nicht mehr verlassen kann, weil man darin gefangen ist? Wenn der Schrecken alltäglich wird?

So etwas habe ich erlebt. Ich schildere diese Geschichte aus meiner Perspektive. Der Leser mag sich vielleicht manchmal entrüstet an den Kopf fassen und sagen: „Spinnt der total? Ich würde nie so einen Unsinn glauben." Vielleicht können Sie es sich nicht vorstellen, wie man zu solchen Gedanken kommen kann. Aber ich möchte Ihnen versichern: Entsprechende Erfahrungen, Erlebnisse in der Kindheit, Horrorromane, teuflische Musik und Drogenmissbrauch, eine in die Brüche gegangene Beziehung und das Grundgefühl Angst sind das Rezept dafür, dass einem die Sicherungen im Gehirn und im Verstand durchknallen können.

Die Folge davon war, dass ich glaubte, Gott gesehen zu haben, und dass ich mich als kleinen Christus sah. Doch die Kräfte und Mächte, die ich anzapfte, meinten es nicht gut mit mir. Wahnsinn oder Realität? Für einen psychisch kranken Menschen ist diese Unterscheidung sehr schwer. Doch beim Wahnsinn ist manchmal nicht alles nur Einbildung. Es gibt in manchen Fällen eine reale Kraft, die Wahnsinn hervorruft und sich dahinter verbirgt. So war es bei mir. Oder doch nicht?

In den vergangenen Jahren bin ich vielen Menschen in der Psychiatrie begegnet, denen es ähnlich wie mir ging. Irgendwo und irgendwann in ihrem Leben haben sie eine falsche Abzweigung auf ihrem Weg genommen. Sie haben sich in etwas verrannt und kommen nicht mehr alleine heraus. Für diese Menschen habe ich meine verwirrende Geschichte aufgeschrieben. Es gibt einen Weg heraus. Es gibt einen Weg aus dem Wahnsinn.

(Die Namen der erwähnten Personen wurden geändert.)

Kapitel 1

Vater trinkt und Gott ist streng

Rückblende 1 – Der Schimmelreiter

Ich habe Angst. Ich bin jetzt in der ersten oder zweiten Klasse - also acht bis neun Jahre alt. Im Fernsehen läuft gerade der „Schimmelreiter". Der Vorspann macht mir Angst. Ein vermummter, anonymer Mann reitet nachts die Deiche der Nordsee entlang. Niemand weiß, woher er kommt und niemand weiß, was er vorhat, oder wer er ist. Er ist ein Phantom ohne Gesicht. Er verbreitet Angst, wenn er auftaucht. Und niemand weiß, wo er als Nächstes erscheinen wird.
Ich muss gleich los. Meine Eltern sind noch verheiratet, aber zuhause kriselt es schon. Mein Vater trinkt und trinkt. Es liegen Ärger und Aggressionen in der Luft. Meine Eltern streiten sich ständig. Beide scheinen an mir zu zerren, und jeder will mich auf seine Seite ziehen. Ich soll für einen der beiden Partei ergreifen, aber ich kann nicht. Ich liebe meine Mutter und meinen Vater und kann nicht einen gegen den anderen eintauschen.

Eigentlich stehen aber mein Vater und sein Alkoholismus im Vordergrund. Obwohl niemand darüber spricht, ahne ich doch, dass in unserer Familie etwas nicht stimmt. Weil mein Vater mal sehr nett ist und dann wieder total verletzend, wenn er trinkt, weiß ich nicht, woran ich bei ihm bin. Er ist auch ablehnend meiner Mutter und mir gegenüber, wenn er stark betrunken ist. Und so versuche ich es ihm recht zu machen, damit er ruhig bleibt.

Ich versuche ein guter Sohn zu sein, der nicht negativ auffällt. Ich will Anerkennung und Wertschätzung von meinem Vater, aber er trinkt meistens mit seinen Freunden am Küchentisch und beachtet mich nicht groß. Ich ziehe mich dann häufig zurück und spiele Lego in meiner eigenen Fantasiewelt. Hier habe ich das Sagen. Hier bin ich der Held. Die Situation, die ich real nicht meistern kann, löse ich in meiner Welt. Dort werde ich von vielen Feinden bedrängt, aber ich komme rechtzeitig aus brenzligen Situationen heraus. Ich vernichte den Feind und bekomme die Frau, die mich so liebt wie ich bin – ein Held.
In der realen Welt bin ich kein Held. Ich bin ein Waschlappen. Ich bin feige und wage es nicht, meinem Vater die Stirn zu bieten. Und ich habe Angst. Angst vor meinem Zuhause und Angst vor dem Schimmelreiter, der draußen in der Nacht herumreitet. Ich musste schon viel zu früh erwachsen werden. Daher musste ich mit der Angst, die ich hatte, alleine fertig werden.

Es ist ein Herbstabend. Es ist schon früh dunkel, und dort draußen ist Nebel. Meine Aufgabe in der Familie ist es, Milch zu holen. Jeden Abend begebe ich mich auf den Weg zu einem Bauern. Er wohnt einige Häuser weit entfernt von uns. Ich gehe jeden Abend dorthin und lasse mir die frisch gemolkene Milch in eine

Milchkanne füllen. Der Bauer verlangt jedes Mal achtzig Pfennig, die ich ihm aushändigen werde, wenn ich da bin. Doch der Weg durch die Dunkelheit vom Elternhaus zum Bauernhof ist das Schlimmste für mich. Ich habe Angst vor dem Namenlosen. So wie der Schimmelreiter jeden Abend im Fernsehen reitet und Furcht verbreitet, fühle ich mich bedroht und verfolgt von einem namenlosen, anonymen Wesen. Die Fremdheit und das Ungewisse und eine bedrohliche, dunkle Gestalt, die eine Maske trägt und von der niemand weiß, welches Gesicht darunter liegt, machen mir zu schaffen. Während ich durch die schwarze Nacht gehe, fühle ich mich verfolgt. Jedes Geräusch lässt mich aufhorchen. Anfang des Weges gehe ich. Ich habe unbeschreibliche Angst. Die Angst wird stärker. Am Ende des Weges renne ich. Endlich, sehnlich erwartet, trete ich in das gedämpfte Licht des Stalls. Die Bäuerin gießt mir Milch in die Kanne. Dann ist die Angst wieder da. Ich muss wieder hinaus in die Dunkelheit und in den Nebel. Ist das Namenlose, Gesichtslose noch da draußen? Wieder gehe ich, zum Schluss renne ich. Ich kann mit niemandem über diese Angst reden. Niemand kommt mit, ich muss ganz alleine da durch.

Rückblende 2 – Gott ist streng

Ich bin in die Schule gekommen und ca. sieben Jahre alt. Es macht mir keinen Spaß dort. Wir haben einmal in der Woche einen Gottesdienst für Schüler. Er ist langweilig. Ich verstehe nicht, was dort genau vor sich geht. Alles ist geheimnisvoll. Gott ist geheimnisvoll. Ich höre, dass man es Gott recht machen muss, wenn man ihm gefallen will. Gott ist streng. Wer nicht alles gibt, was er kann und hat, kann nicht in den Himmel kommen.

Trotzdem bin ich interessiert. Wir haben auch Religionsunterricht, den der Pfarrer unseres Dorfes hält. Er erzählt uns von den Heiligen und von Gott. Als ich einmal eine Frage über 'Gott' stelle, weist mich der Pfarrer zurecht: „Für Dich ist das immer noch der `liebe Gott´", sagt er.

Einmal erklärt der Pfarrer, wie man in den Himmel kommt. Er ruft einen Schüler auf und stellt ihn an die Tafel: Arthur. Er erklärt, dass Arthur in seinem Leben gute und böse Dinge tut. Er macht eine Liste an der Tafel. Für jede gute Tat, die Arthur tut, bekommt er einen Strich auf der linken Seite. Für jede böse Tat einen Strich auf der rechten Seite. Die Tafel ist voll von Strichen. Der Pfarrer sagt, dass am Schluss abgerechnet wird. Gibt es mehr gute Taten als schlechte, kommt Arthur in den Himmel. Gibt es aber mehr schlechte Taten als gute, kommt er in die Hölle. So verläuft Gottes Gericht am Ende der Tage, vor Gottes Thron. Arthur hat es gerade noch geschafft, wie es den Strichen auf der Tafel zu entnehmen ist.

Ich bezweifle, dass ich das schaffe. Irgendwie weiß ich, dass ich nicht so viele gute Taten vorweisen kann, und ich glaubte irgendwie auch, dass man nur als Heiliger, der sich sehr, sehr anstrengt und schließlich für Jesus stirbt, in den Himmel kommen kann. Diese ungeheuren Anstrengungen der Heiligen, die im Unterricht beschrieben werden, können ja nur die wenigsten Menschen aufbringen. Alle anderen werden vor der Himmelstür abgewiesen.

Die Schule macht mir keinen Spaß. Alles hier ist so streng und grau und ich kann mit niemandem reden, was zuhause vor sich geht. Ich muss einfach dorthin, ob es mir gefällt oder nicht. Das quält mich. Wie kann ich es Gott recht machen? Interessiert er sich für mich? Muss ich wie Jesus am Kreuz sterben? Mag mich Gott überhaupt?

Vater trinkt und Gott ist streng

Wie passen alle Rückblenden zusammen? Um jetzt etwas Ordnung in die Geschichte zu bringen, beginne ich von vorn. Ich kam am 18.11.1976 auf die Welt.

Mein Vater erzählte mir die Geschichte öfter: Als meine Mutter ins Krankenhaus eingeliefert wurde, kam ich durch Kaiserschnitt zu früh auf die Welt. Direkt nach meiner Geburt kam ich in den Brutkasten.

Mein Vater, der gehört hatte, dass meine Mutter im Krankenhaus entbunden hatte, beschloss, erst mal richtig zu feiern. Als er sich mit seinem Freund auf den Weg zum Krankenhaus machte, besuchten sie aus Versehen das falsche Krankenhaus. So etwas kann eigentlich nur meinem Vater passieren. Noch heute muss ich lachen, wenn er davon erzählt und er lacht dann auch.

Wir wohnten damals noch in dem Ort, in dem mein Großvater drei Häuser gebaut hatte. Eines gehörte meinen Großeltern, das andere meiner Tante und eines meinem Vater, meiner Mutter und mir. Hier wuchs ich auf. Mein Vater arbeitete in der Zimmerei meines Onkels und meine Mutter arbeitete in einer Bank als Putzfrau. Daher war es klar, dass ich in den Kindergarten gehen musste, weil beide Elternteile berufstätig waren.

Die Ferien verbrachte ich hauptsächlich bei meinen Großeltern mit meinen vielen Cousinen. Die Ferien waren immer schön. Wir schauten das Ferienprogramm. Wir lagen sonnenbadend im Garten und machten viele Spiele wie z. B. Stadt-Land-Fluss, Begriffe-raten und Verstecken. Diese Ferien sind mir in schöner Erinnerung geblieben. Auch meine Kindergartenzeit war schön. Wenn wir Enkelkinder bei Oma und Opa waren, kümmerten sie sich gut um uns. Aber viel weiß ich nicht mehr davon, erinnere mich nur noch gut an schöne Sommer, Grillen mit den Nachbarn und schöne Weihnachtsfeste, bei denen man sich auf die Geschenke freute. Ich erinnere mich auch an Schlittenfahrten im Winter und einen Dackel, der uns gehörte und der den Fußball mit der Schnauze führen konnte.

Später kam die Grundschulzeit. In die Grundschule ging ich nicht gerne. Zuhause hatte es schon angefangen zu kriseln. Mein Vater kam oft angeheitert von der Arbeit und trank zuhause weiter. Manchmal ging er auch in die Kneipe und kam spätabends nach Hause und begann mit meiner Mutter zu streiten. Die Stimmung zuhause war gespannt und es lag immer Aggressivität in der Luft, wenn mein Vater getrunken hatte.

Darum begann ich, mich immer mehr zurückzuziehen in mein Spielen und in meine Traumwelt. Schon seit frühester Kindheit hatten meine Eltern mir Lego-Steine geschenkt. So hatte ich eine beachtliche Sammlung, aus der ich mir Raumschiffe, Häuser und Fahrzeuge baute. Meine Eltern hatten einen Videorekorder, den ich schon früh bedienen konnte. Deshalb schaute ich mir oft Science-Fiction-Filme oder Filme mit James Bond an. Die Filmszenen übernahm ich in mein Legospiel. Hier war aber ich der Held und meisterte immer die schwierigen Situationen und bekam am Schluss die Frau. Während die bedrückende Stimmung und die Konflikte immer größer wurden, wurde meine Traumwelt immer verlockender, ihre Anziehungskraft nahm immer mehr zu. Ich wollte gerne ein Held sein. Ich wollte sein wie James Bond, der die unmöglichsten Herausforderungen bestand, den Feind besiegte und zum Schluss als Held dastand.

Meine Eltern hatten mir auch schon früh Bilderbücher und dann auch Bücher für Kinder und Jugendliche gekauft. Nachdem ich lesen gelernt hatte, tauchte ich ein in eine Welt voller Abenteuer. Meine Fantasie war groß und die Flucht in diese Traumwelt verlockend.
Doch die grausame Realität holte uns ein, als mein sonst netter Vater begann, nachts mit aggressiver

Stimmung nach Hause zu kommen. Wenn er abends betrunken heimkam, wurde er so aggressiv, dass er nicht mehr vor Streit, meist verbal, zurückschreckte. Ich war damals meistens schon im Bett und hörte den Streit und das Gepolter unten im Esszimmer. Ich hatte große Angst vor dem, was dort vor sich ging, denn ich hörte nur Stimmen, Geschrei und Geschimpfe. Würde mein Vater meine Mutter angreifen? Was wäre wenn? Warum hatte ich nicht den Mut, nach unten zu gehen, um meine Mutter zu schützen? Ich war ein Feigling, kein Held. Ich hatte einfach nur große Angst.

Einmal hatte ich dann doch den Mut einzugreifen. Es war eine eigenartige Situation:

Mein Vater saß am Tisch und redete ärgerlich mit meiner Mutter. Die Stimmung war sehr angespannt. Würde er vielleicht heute wieder mit kritischen Worten auf meine Mutter losgehen, würde die Situation eskalieren? Ich hatte Angst. Dieses Mal war meine Angst vor ihm jedoch nicht so groß und ich beschloss, etwas zu unternehmen. Ich schlich bei der Dunkelheit aus dem Haus und ging zu meinem Opa. Als der Opa die Tür aufmachte, fragte er mich, was denn los sei, dass ich so spätabends noch kommen würde. Ich schilderte ihm in meiner Verzweiflung, dass mein Vater ganz komisch wäre und betrunken. Ich sagte ihm auch, dass ich Angst um meine Mutter hätte, weil Papa etwas Schlimmes tun könnte. Mein Großvater beschloss daraufhin, der Sache auf den Grund zu gehen und kam mit. Als er bei meinen Eltern ankam, fragte er, was hier los wäre und ob mein Vater gewalttätig geworden wäre. Die Eltern stritten ab, Streit gehabt zu haben, obwohl er ja wirklich stattgefunden hatte. Dann erklärte mein Opa, dass er auf meine Bitte hin gekommen wäre. Mein Vater schimpfte daraufhin mit mir und sagte, ich sei ein Verräter, ein Judas. In diesem Momente bekam ich große Angst vor meinem Vater. Hatte ich etwas falsch gemacht? War ich wirklich ein Verräter? Ich wollte doch nur meine Mutter schützen.

Am nächsten Tag wartete ich auf eine Reaktion von meinem Vater. Was würde geschehen? Nichts geschah!

Während meiner Kindheit war ich viel auf mich allein gestellt. Meine Eltern waren beide berufstätig. Meistens kam ich am Mittag von der Schule heim, meine Mutter machte uns etwas zu essen und ging dann bald darauf zum Putzen. Manchmal durfte ich meine Mutter auch in die Bank begleiten, aber das kam eher selten vor. Aber es war jedes Mal eine aufregende Erfahrung, wenn ich dann in dem großen Haus spielen durfte.

Wenn ich allein zuhause war, schaute ich meistens fern. Die Kinderstunde am Nachmittag guckte ich mit Begeisterung. „Captain Future" und viele, viele andere Serien waren meine Erzieher in dieser Zeit. Manchmal besuchten mich auch Freunde aus der Schule und wir spielten in der Natur oder drinnen mit den Legos. Ich muss sagen, dass ich viele gute Freunde hatte und mit diesen machte das Spielen Spaß. Das war eine willkommene Abwechslung, bevor die Angst kam, die Angst vor dem Nachhausekommen meines Vaters. Ich fürchtete manchmal den Zeitpunkt, wenn er mit seinem orangen Mofa in den Hof herein fuhr.

Mein Vater ist kein schlechter Mensch. Unsere Beziehung war auch nicht nur schlecht. Ich liebe meinen Vater. Er ist im nüchternen Zustand gutmütig und er würde jedem sein letztes Hemd anbieten, wenn dieser in Not wäre. Mein Vater ist freigiebig und sanft. Meine Mutter und mein Vater kamen jedoch nicht miteinander klar. Meine Mutter liebte meinen Vater in betrunkenem Zustand nicht, was auch verständlich ist, und mein Vater hatte beschlossen, dem aggressiv machenden Schnaps vor allem anderen den Vorzug zu geben. Damals trank er viel Hochprozentiges. (Manche Leute können Schnaps wie Limonade trinken und werden lustig und angeheitert, und manche werden aggressiv. Ich musste in meinem späteren Leben auf die harte Tour lernen, dass ich ebenfalls keinen Schnaps trinken sollte. Wie mein Vater wurde ich auch aggressiv davon. Mehrere Male verlor ich dabei auch die Kontrolle!)

Ich war ein Kind, das schon früh lernen musste, wie ein Erwachsener zu denken und zu reagieren. Ich musste mit den Problemen umgehen können und versuchen sie zu verstehen. Außerdem wusste ich durch die angespannte Situation zuhause nicht, wie es in Familien zugeht, in denen Geborgenheit herrscht. Ich konnte davon immer nur etwas erahnen, wenn ich bei meinen Freunden war und sah, wie liebevoll diese Väter mit ihren Kindern umgingen. So etwas hatte ich nicht immer. Leider war mein Vater durch den Alkohol wankelmütig. Ich hatte einen Vater, der sich betrank, wenn er zuhause am Tisch saß oder wenn er in seiner Werkstatt arbeitete. Obwohl er mich liebte, konnte er es nie richtig zeigen. Manchmal gab es vielleicht ein Lob oder Anerkennung, aber ich litt unter einem Mangel an Zuwendung, die ich gebraucht hätte. Mein Vater konnte mich in einem Moment loben und im anderen Moment verurteilen. Schuld daran war der Alkohol.

Ich gewöhnte es mir auch an, keine Gefühle mehr zu zeigen, denn meist waren sie nicht angebracht. Oft überkamen mich Schamgefühle. Scham über die Situation und Scham über Gefühle wie Schwäche, Traurigkeit und Verzweiflung, auch über mich selber. Manchmal wenn ich weinte, wurde mir dies ebenfalls verboten, denn schon meine Großeltern hatten das Motto: „Ein Junge weint nicht!" Dieses Denken stammte noch aus der Kriegszeit.
Alles in allem sind das jedoch ganz „normale Dinge", wie sie in einer dysfunktionalen Familie vorherrschen. Dies habe ich jedoch erst später erfahren.

Ich wuchs also heran und wurde jemand, der sich gerne in seine Traumwelt zurückzog und vom echten Leben träumte. Irgendwann konnte ich dann auch nicht mehr weinen.

In einer Nacht eskalierte der Streit zu Hause. Mein Vater wurde gewalttätig. Bis zu diesem Tag war es immer bei einem verbalen Streit geblieben. Dem ganzen war eine akute negative Phase zuhause vorausgegangen. Damals lag ich dann immer voller Angst in meinem Bett und hörte unten Schimpfen und Poltern. Manchmal hatten sie, also meine Eltern, über mich gesprochen. Das hatte mir zusätzliches Unbehagen bereitet, denn ich wusste nicht, was geschehen würde und warum sie über mich redeten. An diesem Abend verletzte mein Vater meine Mutter, so dass sie plötzlich in mein Zimmer kam und dann mit mir fluchtartig das Haus verließ. Mein Vater schrie hinter uns her und meine Mutter ergriff voller Panik meine Hand und wir eilten zu Bekannten meiner Eltern. Als wir dort angekommen waren, sah ich, dass meine Mutter ein blaues Auge hatte. Ich selbst war voller Angst und Scham darüber, was bei uns zuhause geschehen war. Niemand sollte eigentlich wissen, wie es bei uns zuging. In dieser Nacht schlief ich sehr schlecht und die Geschehnisse belasteten mich sehr. Am nächsten Tag feierte ein Freund von mir seinen Geburtstag. Auf dieser Feier wurde hinter meinem Rücken darüber getuschelt, was geschehen war. Es ging um mich und meine Familie. Warum hatte ich keine starke Familie?

Meine Mutter beschloss danach, sich von meinem Vater scheiden zu lassen. Es folgte eine schwierige Zeit, in der wir unser bisheriges Zuhause verlassen mussten und zu der Mutter meiner Mutter zogen. Meinen Vater sah ich danach nur noch selten.

Das Bild – Erste Erfahrung mit „Jesus"

Nach der Scheidung zogen wir, wie schon erwähnt, zu meiner Großmutter. Ich war damals in der 3. Klasse. Im Haus meiner Oma gab es mehrere Christuswinkel. Dabei handelt es sich um Ecken im Wohn- oder Esszimmer, in denen ein Kreuz und Ikonen stehen, mit Marien- , Jesus- oder Heiligenfiguren und -bildern. Dies war und ist zum Teil noch Tradition in vielen katholischen Häusern und Bauernhöfen. Das Zentrum in einem dieser Winkel bestand aus einem Bild, das das Gesicht von Jesus Christus darstellen sollte. Es zeigte ein schmerzverzerrtes Gesicht mit Wunden und Striemen. Aus diesem Bild stachen die Augen in einer besonderen Art und Weise heraus. Sie drückten eine unaussprechliche Qual aus. Um das Bild herum standen eine Marienfigur und eine Jesusikone.

Der Tradition entsprechend gab es auch im ganzen Haus verteilt Behälter, die mit Weihwasser gefüllt waren. (Weihwasser ist das Wasser, das der katholische Priester in der Osternacht segnet und welches bei Katholiken als besonderer Schutz gegen böse Einflüsse und zur Abwehr für Unglücksfälle gilt. Dieser Aberglaube ist in der katholischen Kirche immer noch stark präsent. Er ist jedoch nur eine heidnische Praktik unter vielen, die von Katholiken praktiziert wird.)

Zudem bewahrte meine Großmutter viele geweihte Gegenstände auf. Das waren z. B. Medaillen, die vor Unglück schützen sollten, gesegnete Rosenkränze, geweihte Bilder und viele andere Dinge.

Das besagte Bild zog immer wieder meine Blicke auf sich. Wenn ich das Bild ansah, hatte ich stets ein ungutes Gefühl in der Magengrube. Dieser 'Jesus' machte mir Angst. Durch das, was ich bisher in der Kirche und im Religionsunterricht gehört hatte, wusste ich, dass ich nicht gut genug für 'Jesus' war. Ich war kein Heiliger, wie sie immer beschrieben wurden, und hatte nicht viele gute Taten aufzuweisen, um in den Himmel zu kommen. Jesus würde jemanden wie mich sicherlich nicht lieben, sondern er würde mich gewiss ablehnen. Ich hatte auch Angst vor der Forderung, mein Kreuz auf mich zu nehmen und einen gewaltsamen Tod zu sterben. Nur solche Menschen, die alles für Jesus täten, würden in den Himmel kommen. So war es mir beigebracht worden. Diese Anstrengungen und das totale „sich-selbst-Verleugnen" konnte ich niemals schaffen. Aus diesem Grund erzeugte der 'Jesus', der im Wohnzimmer vom Christuswinkel gequält herunter blickte, ein Gefühl der Schuld und der Minderwertigkeit in mir.

Eines Tages war es dann soweit. Ich muss ungefähr 11 Jahre alt gewesen sein. Es war kurz nach der Scheidung meiner Eltern und wir lebten, wie ich glaube, schon bei der Oma. (Es kann aber auch früher gewesen sein, als wir noch bei meinem Vater lebten. Ich weiß es nicht mehr genau.) Ich lehnte jedenfalls im Sessel und musste immer wieder auf das Bild blicken. Es machte mir Angst. Trotzdem blickte ich immer wieder weg und wieder hin. Als ich wieder ängstlich auf das Bild blickte, veränderten sich plötzlich die

Augen des Bildes. Die Augen des 'Jesus' hatten plötzlich einen zornigen Gesichtsausdruck und starrten mich direkt an. Sie waren weit aufgerissen und ein unbändiger Hass stand in ihnen.

Erschreckt stieß ich einen Schrei aus und zwang mich wegzublicken. Als ich weggeblickt hatte (ich dachte ich hätte eine Halluzination), schaute ich wieder hin. Doch dieser 'Jesus' starrte mich immer noch zornig an. Ich stürzte schreiend aus dem Wohnzimmer und lief in die Küche, wo meine Großmutter und meine Mutter waren. Zitternd erklärte ich ihnen was geschehen war, doch sie schienen mir nicht recht zu glauben. Meine Oma ging dann hin und nahm das Bild ab. Sie tat es in eine Schublade. Es wurde nie wieder in unserem Haus aufgehängt.

Ich wusste jetzt jedoch, dass es stimmte, dass Jesus mich nicht mochte. Die Angst vor Jesus war gewachsen. Lange danach noch konnte ich mir nicht erklären, was an diesem Tag geschehen war.

(Die Erklärung dafür fand ich später:
Es gibt in der katholischen Kirche sogenannte „Wunder" bei denen Ikonen Blut weinen und Heiligenbilder anfangen sich zu bewegen. Diese Phänomene sind weiter verbreitet, als man denkt. In der Kirche wird dies als ein Zeichen von Gott gesehen. Doch der Gott der Bibel verbietet die Verehrung von Bildern und Statuen. Die Katholische Kirche hat sich nicht an dieses Gebot gehalten. Die sich bewegenden Bilder und Statuen sind ein Zeichen dafür, dass dämonische Mächte am Werk sind. Denn der Teufel arbeitet mit diesen Phänomen, um die Menschen mit Sichtbarem

zu betören, damit sie sich daran klammern. Die Bibel nennt das Götzendienst. Wenn er sie für das Sichtbare begeistert, dann zieht es sie nicht zum Glauben an den unsichtbaren Gott. Das sich bewegende 'Jesus'-Bild scheint ein Hinweis dafür gewesen zu sein, dass ich durch den Katholizismus mit Dämonen in Kontakt kam oder dass diese durch das Bild wirkten.)

Nach der Scheidung und dem Umzug zur Großmutter hatte ich noch kurz die Grundschule im alten Ort besucht und wechselte dann auf die Hauptschule in einem anderen naheliegenden Ort. Die Zeit in der Hauptschule war schön und von kindlichen Abenteuern geprägt. Weil meine Mutter weiterhin arbeiten ging, kochte meine Oma für mich. (Sie konnte ausgezeichnet kochen!) Die Nachmittage waren davon geprägt mit mit meinen neuen Freunden zu spielen, in den Wäldern und Wiesen oder an den Baggerseen. Wir spielten Soldaten und Krieg, Cowboy und Indianer, fuhren Schlitten und Ski. Im Sommer lagen wir am Baggersee in der Sonne, badeten und sprangen in das kalte Wasser. Auch mit den Legosteinen spielten wir immer wieder mal.

Viele Abenteuer erlebte ich entweder in den spannenden Büchern, die ich mir kaufte, oder in Spielfilmen. Der Bruder eines Freundes bekam nämlich immer wieder die neuesten Filme auf VHS-Kassetten. Dabei waren auch brutale Zombie- oder Horror-Filme ab 18. Aber die Altersfreigaben beachtete eigentlich niemand von uns. So habe ich schon mit 12 Jahren den Film „Tanz der Teufel" und viele Zombiefilme gesehen. Natürlich probierten wir auch das Zigarettenrauchen aus, was, trotzt der besten Maßnahmen die wir ergriffen, um den Geruch zu verbergen, natürlich von Mutter und Oma bemerkt wurde. Alles in allem war es eine schöne und sorgenfreie Zeit. Das Erlebnis mit dem Bild hatte ich damals schon lange verdrängt. Gott war in meinem Leben nicht mehr wichtig. Die Gottesdienstbesuche und Beichten wurden mit der Zeit immer seltener.

In der Hauptschule bemerkte ein Lehrer, dass ich sehr in mich gekehrt und ein ungewöhnlich nachdenkliches Kind war. Ich konnte nicht richtig aus mir heraus und hatte einen gebückten Gang. Er versuchte mich aufzumuntern, aber ich konnte das nicht an mich heran lassen. Die früheren Erlebnisse mit dem Alkoholismus meines Vaters und die Scheidung hatten Spuren bei mir hinterlassen.

(Dies kommt nicht selten vor, wenn man das sichere Elternhaus und die Hälfte der Verwandtschaft verliert, aus dem Heimatort herausgerissen wird und keine männliche Bezugsperson mehr hat. Ein Mann in meinem Leben - ein geistiger und natürlicher Vater - fehlte einfach.)

Meine Mutter und meine Großmutter sorgten zwar rührend um mich, wenn aber ein Junge ein Mann werden will, dann geht das nur über eine männliche Vaterfigur. Denn nur Männer können Männer und Jungen richtig verstehen. Frauen sind dazu weniger in der Lage. Da der Kontakt zu meinem Vater jedoch total abgebrochen war, fehlte mir eine starke Hand. Ein

Vater fehlte, mit dem man Abenteuer erleben konnte. Ein Vater fehlte, der einem das Rasieren, das Arbeiten und die männliche Welt näher bringen konnte. Auch was Mädchen betraf, war ich weitgehend orientierungslos, obwohl ich Mädchen mochte.

In dieser Zeit hatte ich oft Kopfschmerzen oder Bauchschmerzen mit Darmkrämpfen. Ich hatte die Vergangenheit bei meinem Vater verdrängt und nicht verarbeitet und die ganzen Erlebnisse schlugen sich wohl in diesen körperlichen Beschwerden nieder. Da ich dabei oft krank im Bett lag, hatten meine Mutter und meine Oma viel Arbeit und Sorge mit mir. - Ich habe ihnen viel zu verdanken.

Unser Leben änderte sich, als meine Mutter erneut heiratete. Mittlerweile hatte ich wegen meiner guten Noten auf die Realschule gewechselt. Meine Mutter hatte einen Mann geheiratet, den sie noch von früher kannte. Ich kam gut mit ihm klar und wir besuchten samstags immer Flohmärkte und unternahmen Ausflüge als Familie.

Die Realschule war eine zutiefst katholische Schule, in der auch der Katholizismus immer präsent war. Die Schule stellte höhere Anforderungen als die Hauptschule und meine vorher guten Noten waren nun nur noch mittelmäßig. Vorher war mir alles leicht gefallen, aber jetzt musste ich mich anstrengen und fleißig lernen, um mit zu kommen. Da ich jedoch faul war, gab es hier häufig Komplikationen. Der Unterricht war eintönig und das, was mir vorher Spaß gemacht hatte, wurde nun zur Tortur. Ich hatte auch kein Ziel und keinen Plan für mein Leben, und weil mich das alles stresste, zog ich mich zuhause meistens vor meiner Mutter und meinem Stiefvater zurück.

Die Realschulzeit ist eine nicht so gute Erinnerung in meinem Leben. Sie war geprägt von dem ständigen Hinterherhinken hinter den hohen Anforderungen, die ich einfach nicht erfüllen konnte. Irgendwann machte ich nicht einmal mehr die Hausaufgaben, sondern schrieb sie am Morgen von den Mitschülerinnen, die in der Schule bessere Noten hatten, ab.

In dieser Schule herrschte ein strenger Umgangston und der Rektor führte ein eisernes Regiment. Viele fürchteten sich vor ihm. Ich auch. Seine Devise war: „Fördern durch Fordern". Das war ich als verwöhntes Einzelkind, dass von Mutter und Großmutter leicht verhätschelt wurde, nicht gewöhnt. So wurde die Schule für mich zu einem grauen Ort, für den ich nie gut genug sein konnte. Dadurch kamen die ersten Minderwertigkeitsgefühle in mein Leben.

Während dieser Zeit las ich Horrorromane von Stephen King. Ich habe so ziemlich alles, was es damals von diesem Schriftsteller gab, gelesen. Der Horror gab mir einen Ausgleich zur strengen Schule.

Auch die erwachte Sexualität machte mir zu schaffen. In der Realschule verliebte ich mich in ein Mädchen.

Doch es wurde nichts daraus, weil ich mich falsch und ungeschickt verhielt. Natürlich kann man in diesem Alter noch nicht von echter Liebe sprechen. Es war ein Verliebtsein, eine Schwärmerei.. Ein Ansteigen des Hormonspiegels vielleicht. Aber keine echte Liebe.

Kapitel 2

Stephen King und der Grey

Rückblende 3 – Spielen und Horror, Spielen mit dem Horror

Den Einstieg in die Horrorliteratur fand ich durch alte Groschenhefte, die wir auf dem Dachboden fanden. Es waren kurze Horrorromane, von denen ich zwar nicht viele las, die mich aber zu Stephen King geführt haben. Der Schrecken des Schimmelreiters war vergangen. Jetzt ging es mir gut und ich konnte mich mit Horrorliteratur befassen. Stephen King bot eine neue Welt, in der das Grauen alltäglich ist. Jetzt könnte ich vielleicht hinter die Maske schauen.

Rückblende 4 – Der Grey

Ich muss wohl so 14 – 15 Jahre alt gewesen sein, als ich mit meiner Mutter in der Nachbarstadt einkaufen ging. Dort zog es mich, wie schon so oft, in eine Buchhandlung, da ich sehr gerne las (vor allem Bücher von Stephen King) und mir ein neues Buch kaufen wollte. Während ich in der Buchhandlung herum stöberte, fiel mein Blick auf ein Buch. Auf der Vorderseite des Buches war nur ein Gesicht abgebildet. Das Gesicht sah merkwürdig aus. Es war oval und hatte schräg stehende tiefschwarze, große Augen. Die Farbe des Gesichtes war beige. Es sah irgendwie menschlich aus. Es erinnerte aber auch irgendwie an ein Insekt. Aus Neugier beschloss ich, das Buch zu kaufen. Zuhause begann ich darin zu lesen. Der Autor hieß Whitley Strieber. Ein Horrorautor. Und das Buch hieß: „Die Besucher". Anfangs dachte ich, das Buch wäre eine fiktive Geschichte. Doch nach und nach erkannte ich, dass der Autor hier aus seinem echten Leben erzählte. Er berichtete, wie er regelmäßig von Außerirdischen entführt worden war und was sich in seinem Leben durch die „Besucher", die ihn nachts aufsuchten, so zugetragen hatte. Das Buch faszinierte mich von Anfang an. Mich faszinierte es, wie der Autor über Ufo-Sichtungen berichtete und darüber, dass sich dieses Phänomen schon durch sein ganzes Leben zog. Auch wurde er regelmäßig unter beängstigenden Umständen aus dem Schlafzimmer und aus seinem Haus entführt und schrecklichen Untersuchungen unterzogen. Für mich, als jemand der Horrorromane liebte, war ein Tatsachenbericht, der so spannend erzählt war, enorm herausfordernd. In den nächsten Jahren kaufte ich mir viele Bücher über das Ufo-Phänomen. Ich kaufte so ziemlich alles, was man finden konnte zu dem Thema. Ich hatte zuhause wissenschaftliche Bücher, Biographien, Augenzeugenberichte, Videos und auch esoterische Literatur. Ich schnitt Zeitungsberichte aus und nahm Fernsehsendungen auf Video auf, z. B. auch die Fernsehserie „Akte X". So wurde ich nach und nach zum Ufologen.

(Das Thema faszinierte mich einfach. Wenn es Wesen aus anderen Welten gab, dann konnten sie uns doch bestimmt den Sinn des Lebens erklären. Den Sinn: Wo kommen wir her und wo gehen wir hin? Indem ich mich mit dem Phänomen beschäftigte, hoffte ich diese tiefgehenden Fragen beantwortet zu bekommen. Und ich hoffte, eines Tages diese Wesen selbst kennenzulernen, auch wenn ich mich nachts jetzt häufiger fürchtete.)

Stephen King und der Grey

Es war Anfang der 90er Jahre, da fiel mir dieses Buch von Whitley Strieber, „Der Besucher", in die Hände. (Zu dieser Zeit begann auch meine Pubertät, was ich damals allerdings nicht so wahrnahm.) Whitley Strieber ist ein amerikanischer Autor, der Horrorromane schreibt und der ein „Abductee" ist. Ein Abductee ist jemand, die in seinem Leben einmal oder auch mehrmals von sogenannten Außerirdischen entführt wurde. In seinen Büchern „Die Besucher" und „Transformation" beschreibt Strieber, wie er mehrfach von schrecklich anzusehenden Außerirdischen aus seiner gewohnten Umgebung heraus entführt worden war. Nach den Entführungen wurden ihm andere Erinnerungen, auch Deckerinnerungen genannt, eingegeben. In seinen Büchern beschreibt er das Grauen, das ihm diese nächtlichen Besucher bereitet hatten. Er beschreibt auch die grausamen Prozeduren, die die Wesen an ihm durchführten. Später fand er unter Hypnose heraus, dass sich dieses Phänomen schon durch sein ganzes bisheriges Leben gezogen hatte und dass er auch schon als Kind entführt worden war. Strieber weiß sich keine richtige, befriedigende Erklärung zu geben und gleitet bei seinen Ausführungen öfter ins Mystische und die Esoterik ab, was noch mehr Fragen aufwirft und das Thema geheimnisvoll werden lässt. Er kommt auch auf Telepathie, Poltergeistphänomene, Träume und Visionen zu sprechen.

Dadurch dass diese Phänomene im Buch als persönliche Erlebnisse geschildert wurden, vermischte sich die Realität mit dem Irrationalen. Ich empfand das als ungeheuer spannend. Mich faszinierte der Gedanke, von einer mächtigen, übernatürlichen Welt möglicherweise eine Brücke zum realen Leben herstellen zu können. Da ich schon immer etwas abenteuerlustig war, besorgte ich mir mehr UFO- und New Age Literatur zu diesem Thema. Ich wollte selber erleben, wie die übernatürliche Welt sich in meinem Leben bemerkbar machen würde. Ich wollte auch wissen, ob ich vielleicht einige Antworten und Liebe und Annahme, die ich vermisste, durch die fremdem Wesen finden würde. Wenn ich ebenso, wie Whitley Strieber, Kontakt zu einer außerirdischen Lebensform haben könnte, dann würden ich und mein Leben an Bedeutung gewinnen, so dachte ich. Ich stieg also voll und ganz in die Ufologie und Esoterik ein. Mit der Zeit wurde ich ein Experte darin. Ich sammelte Bücher zu dem Thema, klebte Bilder und Zeitungsartikel darüber in einen Ordner und nahm viele Filme und Dokumentationen auf Video auf. Es entstand eine beträchtliche Sammlung an Ufo-Material.

Auch Freunde, Familie und Mitschüler bekamen das mit und belächelten mich meistens, wenn ich davon voller Begeisterung erzählte. Manche nahmen das Thema jedoch auch ernst und hörten zu. Doch die Wenigsten hielten diese Dinge für wahr oder möglich.

Zu dieser Zeit lief auch „Akte X" im Fernsehen. Diese Serie befasste sich mit Außerirdischen, Verschwörungen, paranormalen Ereignissen und anderen übersinnlichen Phänomenen. Die Spannung, die von dieser Mysterie-Serie ausging, steckte auch mich und meine Mutter an. In den neunziger Jahren war das Ufo-Phänomen also sehr präsent und ich war ein Experte darin. Nachts lag ich oft im Bett und versuchte telepathischen Kontakt zu Außerirdischen aufzunehmen und später, als ich schon ein Auto hatte, fuhr ich nachts an einsame Orte und betrachtete den Nachthimmel, ob ich nicht vielleicht ein außerirdisches Raumschiff entdecken könnte.

Auf der Abschlussfahrt meiner Realschulklasse verkleideten sich ein paar Mitschüler als Außerirdische und kamen nachts zu mir ins Zimmer gestürmt, um mich zu erschrecken. Es war ein lustiger gut gemeinter Gag. Doch ich nahm das Thema sehr ernst, auch wenn ich meist dafür belächelt wurde.

Das Thema Ufos und Außerirdische bestimmte zu dieser Zeit mein Leben. Meine Noten beim Realschulabschluss lagen etwas unter dem Durchschnitt, aber ich war froh, die Prüfung überhaupt geschafft zu haben. Nun sollte ich also eine Ausbildung machen, aber ich wusste überhaupt nicht, was für einen Beruf ich ergreifen sollte.

Mein Stiefvater muss wohl in Sorge darüber gewesen sein, was aus mir werden sollte, denn ich hatte weder ein Ziel noch einen Plan, wie die Zukunft aussehen sollte. So arrangierte er für mich ein Vorstellungsgespräch bei einem Elektromeister, und zwar in dem Betrieb, wo er selbst auch arbeitete. Für mich stand danach fest, dass ich Elektroniker werden sollte. Damals gab es noch keine so ausgeklügelten Berufstests wie heute. Man war der Meinung, dass jeder jeden Beruf erlernen könne. Die Gaben und Fähigkeiten, die eine Person hatte, wurden nicht so stark wie heute mitberücksichtigt.

(Jeder Mensch hat seit seiner Geburt gewisse Gaben von Gott in seiner Persönlichkeit mitbekommen. Manche werden Künstler und manche werden Bauarbeiter. Jeder so wie es ihm liegt. Wer den richtigen Beruf hat, der lebt seine Berufung.)

Der Elektroniker-Beruf entsprach nicht unbedingt meinen Gaben. Damals machte ich mir allerdings keine Gedanken darüber, sondern stürzte mich naiv und blind in diesen Beruf. Ich war für mein Alter einfach noch nicht reif genug. Ich konnte wichtige Entscheidungen nicht alleine treffen. Dies hing unter anderem auch mit der Überbehütung durch meine Mutter und Großmutter zusammen. Mir fehlte die Selbstständigkeit und eine altersentsprechende Reife, wie bei vielen jungen Männern in dem Alter. Manche Klassenkameraden wussten jedoch genau, welchen Weg sie einschlagen wollten. Die meisten Mitschülerinnen sowieso. Mädchen sind in diesem Alter schon weiter in ihrer persönlichen Entwicklung. - Aber ich war einfach orientierungslos.

„Schaffen gehen"

Arbeiten (auf schwäbisch „Schaffen") gehen, das war völliges Neuland. Der Betrieb lag in der nächstgelegenen Stadt und stellte Holzverarbeitungsmaschinen her. Ich hatte keine Ahnung, was auf mich zukommen würde. Es sollte jedoch sehr interessant werden.

Zur Grundausbildung eines Elektronikers gehörte, dass man zunächst mit mechanischen Prozessen vertraut gemacht wird, was einfach ausgedrückt heißt: Feilen, feilen, feilen.

Ich kann mich noch gut an den ersten Arbeitstag in der Lehrwerkstatt erinnern. Wir fingen um acht Uhr an, stellten uns gegenseitig vor und lernten den Lehrlingsmeister kennen, als plötzlich die Tür aufging und noch jemand herein kam, Martin. Dieser Martin sollte mit mir zusammen die Ausbildung machen. Er hatte einen Irokesenschnitt und trug eine Bomberjacke. Schon auf den ersten Blick machte er einen rebellischen Eindruck.

Die Arbeit begann: U-Stahl feilen, bis wir Blasen an den Fingern hatten. Das ging die nächsten Wochen so. U-Stahl ist ein Stück Metall, das wir mit der Hand zurecht feilen mussten, damit es anschließend mit anderen Metallstücken, die gefeilt, gedreht oder gefräst worden waren, zusammen montiert werden konnte, z.B. zu einem Modellauto, einem Halter für eine Schieblehre oder etwas Ähnlichem.

Martin und ich lernten uns schnell kennen und ich war angetan von seiner rebellischen Ader. Er ließ sich nicht gerne Vorschriften machen, aber hielt sich trotzdem an die Anweisungen des Meisters. Wir bildeten schnell ein Team und lernten auch die anderen Lehrlinge, die schon älter waren, kennen und diejenigen in unserem Jahrgang, die eine Ausbildung zum Industriemechaniker machten.

Da einige meiner Freunde aus unserem Heimatort ebenfalls dort ihre Ausbildung machten, fühlten wir uns von Anfang an nicht so fremd. Wir unterhielten uns über die anderen Mitarbeiter, den Betrieb oder darüber, was wir in unserer Freizeit machten. So trafen wir uns beim Kaffeekochen, Halle fegen oder Müll wegbringen. Es entstand ein guter Zusammenhalt. Wir hatten viel Spaß und erlebten witzige Situationen während der Arbeit. Das war richtig wohltuend nach dem strengen Regiment in der Schule. Wir lachten viel und trieben auch manchen Schabernack, besonders die älteren Lehrlinge. Mit der Zeit bildeten sich verschiedene Cliquen und Freundschaften.

Nun gingen wir also arbeiten. Ich arbeitete mit mehreren Freunden aus der Kindheit im selben Betrieb. Aber auch zu unseren anderen Freunden aus der Schulzeit, die anderswo arbeiteten, hielten wir den Kontakt. Wir, das waren sechs, sieben Freunde, suchten einen Ort, wo wir uns treffen und trinken konnten. Wir wollten unseren eigenen Club gründen. So beschlossen wir, uns einen alten Bauwagen zu kaufen, in dem wir dann wilde Partys feiern könnten. Da wir ja jetzt unser eigenes Geld verdienten, suchten wir einfach einen Ort, wo wir quatschen und Spaß haben konnten.

Wann diese Bauwagen-Idee aufgekommen war, weiß ich nicht mehr, aber wir fanden sie gut. Wir besorgten uns also aus unserem Anzeigenblatt einen alten, heruntergekommenen, daher preiswerten, Bauwagen, der nicht einmal Fenster hatte. Etwas Licht drang nur über ein Dachfenster ein, das aber erst 'mal mit dem Hochdruckreiniger gesäubert werden musste, damit man überhaupt durchschauen konnte. Da die Familie von einem unserer Freunde einen Bauernhof besaß, konnten wir den Wagen dort auf eine Wiese stellen. Ein anderer Freund, der Ahnung von Elektrik hatte, besorgte eine Autobatterie, so dass der Wagen auch mit Strom versorgt war, und wenn er bei dem Bauernhof stand, legten wir einfach ein Kabel. Nachdem wir den Bauwagen renoviert und mit Teppichen, Tischen, einer Eckbank und einem Radio ausgestattet hatten, war es ein gemütliches Clubhaus.

Wir nannten unseren Club „CDAA", Abkürzung für „Club der anonymen Alkoholiker". Wir ließen uns auch Clubausweise drucken, worauf dann unter dem Namen stand: „Ich, ... , bin stolz, Mitglied beim CDAA zu sein."

Uns kam es hauptsächlich darauf an, Karten zu spielen und mit Alkohol zu experimentieren. Was wir dann auch taten. Wir hatten schöne Partys, hörten Heavy Metall, spielten Karten und tranken Alkohol. Manchmal riefen wir nachts noch den Pizza-Service an, der immer Mühe hatte, den Bauwagen zu finden.

Wir waren eine eingeschweißte Clique, Mädchen ließen sich selten dort blicken. Eigentlich waren wir Jungs immer unter uns, da es keine Mädchen gab, die sich mit uns abgegeben hätten. Des öfteren „verirrte" sich der eine oder andere ältere Mann aus unserem Ort in den Bauwagen, um uns bei einem Bier über das Leben zu belehren. Im Sommer machten wir uns oft ein Lagerfeuer vor dem Bauwagen und feierten bis in die Nacht. Wir saßen dabei auf ausgebauten Autositzen.

Es war wirklich eine schöne Zeit, ohne große Streitereien. Wir hielten zusammen. - Das war während unserer Ausbildungszeit.

In dieser Zeit begann ich auch am Wochenende mit den anderen Lehrlingen und Martin wegzugehen. Wir gingen auf Partys, auf die auch die älteren Lehrlinge gingen und ich war stets auf der Suche nach einer Frau, da ich das Verliebtsein noch einmal erleben wollte.

Martin war mit Leib und Seele Punker. Er hörte Punkmusik und verachtete solche Bands wie „Bon Jovi" oder „Manowar", die ich hörte. Im Bauwagen lief eigentlich nur solche Musik. Er bezeichnete sie als „Bauernmetal". Außerdem trug ich einen FoKuHiLa, was ihn sehr störte. Das wäre die Art der Bauern, wie er meinte. „Vorne kurz und hinten lang" das war damals „rebellisch und cool".Verrückt! Heute würde jemand mit einem solchen Haarschnitt als Hinterwäldler angesehen. Meine Musik und mein Haarschnitt waren also meinem Kollegen zu langweilig. Irgendwie war ich das ja auch, im Vergleich zu ihm. Martin hörte später düstere Gothic-Musik und Industrial, und er nahm mir dann auch Kassetten damit auf. Hier kam ich mit extremer Musik in Kontakt zu der „mehr Niveau" vorausgesetzt wurde, laut Martins Aussage. Ob das wirklich etwas mit Niveau zu tun hatte, wage ich heute zu bezweifeln.

Martin wuchs ebenfalls bei seiner geschiedenen Mutter auf, die mit einem Mann verheiratet war, der nicht Martins Vater war. Wir hatten also viel gemeinsam, hätten aber unterschiedlicher nicht sein können. Ich war in mich gekehrt und er war geradeheraus. Er war ein Rebell und ich zurückhaltend und langweilig. Er war schlagfertig und ich langsam von Begriff. Ein ungleiches Team, das sich aber bei der Arbeit gut ergänzte, wobei er mehr Interesse und Wissen hatte als ich, weil ich im Gegensatz zu Martin immer noch lernfaul war und mich der Lernstoff nicht so sehr interessierte.

Martin kiffte auch. Er drehte sich seine Zigaretten selber und drehte auch Joints.

Vor Drogen war ich in der Realschule immer gewarnt worden. Nun aber, da ich sah, dass der Großteil der Lehrlinge und meiner neuen Bekannten Haschisch rauchte und dass dabei keine Suchterscheinungen wie bei Heroin zu bemerken waren, wollte ich es auch ausprobieren. Von Heroin hat man Entzugserscheinungen, so hatte ich gelernt, von Haschisch, wie ich bemerkte, jedoch nicht. Und die Gelegenheit zum Kiffen kam auch.

Wir waren zusammen auf einem Konzert in einem Jugendhaus. Jugendbands hatten dort ein Rockkonzert veranstaltet, bei dem auch Martin aufgetreten war. Danach drehte sich unser Fahrer, ein Lehrling im 3. Lehrjahr, einen Joint. Ich sah, wie Frank dann seinen Joint rauchte, und ich konnte nicht feststellen, dass er danach gierte, wie jemand, der nach Heroin süchtig war. Stattdessen rauchte er ganz entspannt und es schien ihm zu gefallen. Er versicherte mir auch, dass von Haschisch keine Gefahr ausgehen würde. Also zog ich an dem Joint. Ich kann mich noch an das Aroma und den bitteren Geschmack erinnern, aber damals, als ich zog, merkte ich überhaupt nichts. Keine Wirkung, keinen Rausch. Das kam erst beim nächsten Mal. Beim nächsten Mal, wieder auf einer Party, kam der Rausch. Der Rausch gefiel mir. Es war ein Abgleiten in eine andere Welt. Die Musik hörte sich anders an, viel intensiver, viel schöner. Die Umwelt und die Situation, in der man sich befand, wurden unwichtig.

Alles in Allem stand die Intensität der Musik, die man hörte im Vordergrund. Kein Wunder, es waren ja auch die Neunziger. In diesen Jahren gab es viel experimentelle Musik, die wie für Drogenkonsum gemacht zu sein schien.

Diese Jahre, in die unsere Jugend fiel, waren von totalem Individualismus geprägt. Jeder hörte die Musik und trug die Kleidung, die ihm gefiel. Die Musik war noch nicht so kommerziell wie heute. Es gab viele Garagenbands und Musikgruppen, die damals noch unbekannt waren, aber heute nicht mehr aus der Musikszene wegzudenken sind. In unserer Gegend, einem ländlichen Gebiet in Bayern, gab es regelmäßig Partys am See oder auf Wiesen und Feldern. Wenn man etwas gelten wollte, musste man da hin. Es hat natürlich auch Spaß gemacht.

Es gab auch eine Disko. Mittwochabends trafen sich hier alle Lehrlinge aus unserem Betrieb. Die Disko war ein Geheimtipp. Hier traf sich alles, was bei uns Rang und Namen hatte. Man trank Gaißenmaßen und Jacky-Cola. Die Musik, die dort lief, war einfach super und man konnte immer neue Mädchen kennenlernen. Wenn wir uns dort abends trafen, kam es oftmals vor, dass wir die ganze Nacht durchmachten und dann am nächsten Tag total verkatert bei der Arbeit erschienen. Oh, wie oft saß ich nach einer durchzechten Nacht mit einem Alkohol-Kater bei der Arbeit?

In Ulm, nicht weit entfernt, gab es viele kleine Clubs, in denen Newcomer und alternative Bands spielten.

Hier sahen wir unter anderem „GWAR", „Neurosis", „Subway to Sally", „Such a Surge" usw. Das war Abenteuer pur und meine Plattensammlung wuchs, wenn ich nach den Konzerten noch die neuesten Platten kaufte.

Wir fuhren auch nach München oder Stuttgart zu den großen Musikfestivals, wie „Rock am Ring" oder „Strange Noise". So bekannte Gruppen wie „Bon Jovi", „Van Halen", „Aerosmith", „Therapy" usw. haben wir dort erlebt.

Zum ersten Mal das Open Air Festival „Rock im Park" mitzuerleben, war für mich ein besonderes Highlight. Wir zelteten damals in München auf dem Festivalgelände, tranken viel Alkohol und aßen aus Dosen. So ein Festival ist eine anstrengende Angelegenheit. Die Campingplätze sind nach ein paar Tagen voller Müll und es gibt nur Dixie-Toiletten. Man kann eigentlich nicht duschen und nach ein paar Tagen stinkt der ganze Campingplatz nach Müll und Fäkalien. Doch das störte uns nicht. Wir waren wegen der Musik hier und wegen einer gigantischen Party.

Bei den Open Airs beobachtete man, wie langsam die Sonne unterging und die Nacht kam. Nachts spielten die Headliner. Das war ein besonderer Zauber. Es lag eine Zeit des Aufbruchs einer ganzen Generation in der Luft, doch niemand wusste wohin dieser Weg führen würde.

Wir fuhren oft auf Partys und tranken Bier und

Schnaps, rauchten vorher einen Joint, um gut drauf zu sein. Ich kann mich außerdem an viele Partys erinnern, die wir unter freiem Himmel beim gemütlichen Lagerfeuer feierten.Wir hörten „Nirvana", „Clawfinger" und „Rage Against the Machine" und andere Gruppen, die damals noch unbekannt waren und später zu Headlinern wurden. Wir zelteten an Baggerseen und konsumierten viel Bier und Drogen zusammen mit Dosennahrung und Nudeln. Zu dieser Zeit kamen auch die Filme „The Crow", mit Brandon Lee, im Kino und viele andere Independent-Filme wie „Pulp Fiction", „Trainspotting", „Strange Days" und „From Dusk till Dawn". Viele wurden zu Kultfilmen.

Der Film „The Crow" (dt. Die Krähe) traf den Nerv und die Orientierungslosigkeit der damaligen jungen Generation. In diesem Film, der in ständiger Dunkelheit in einer Großstadt spielte, wurde ein bekannter Rockstar von Verbrechern ermordet. Doch die Krähe, ein Symbol für das Totenreich, brachte ihn wieder ins Dasein zurück, damit er sich an seinen Mördern rächen konnte. Der Soundtrack zu diesem Film war genial. Langhaarige Schauspieler vermittelten das Lebensgefühl jener Zeit. Während der Rockstar Eric Draven auf gnadenlose Vendetta geht und seine Mörder umbringt, läuft ekstatische Musik im Hintergrund. Die Orientierungslosigkeit der damaligen Generation wird durch das Mädchen verkörpert, welches im Film eine Schlüsselrolle einnimmt. Sie wird von ihrer drogenabhängigen Mutter vernachlässigt und sucht ihren eigenen Weg im Leben. Eric Draven, der langhaarige, vom Tod ergriffene Rockstar, hilft ihr, ihren Weg zu finden. Der Tod wird zum Ratgeber des Mädchens. Das Ganze ist umrahmt von dunklen, harten Gitarren- riffen. Durch den Tod, der nicht endgültig ist und eher verharmlost wird, findet der Rockstar seinen Weg, um zurückzukehren. Hoffnung, über den Tod hinaus. Die Macher dieses Films trafen die Sehnsucht der Jugend nach Dunkelheit, Rockmusik und Drogen.

Auch der Film „Pulp Fiction" wurde zum Must-See. Durch den ganzen Film hindurch werden Drogen, Musik und Gewalt verherrlicht. Unvergessen ist die Szene, in der John Travolta Heroin nimmt, sich ins Auto setzt und, durch die Musik getragen, auf der Straße dahin zu schweben scheint, als hätte sein Auto jede Bodenhaftung verloren. Nachdem wir diesen Film gesehen hatten, war das erste was ich tat, mir den Soundtrack dazu zu besorgen und unter Ha- schisch-Einfluß zu hören. Auch bekifft beim Autofah- ren.

Die ganze Zeit der 90er war irgendwie wie ein Revi- val der 60er Jahre, auch wenn wir diese nicht miter- lebt hatten. Rebellion, Gewalt, Sex und Drogen.

Niemand wusste jedoch, wohin der Weg der „Genera- tion X", wie diese Generation später genannt wurde, führen würde.

Wir saßen auch bei Freunden im Haus und kifften, oh- ne dass die Eltern etwas mitbekamen. Wir fuhren be- kifft zu Partys, ohne Angst vor einem möglichen Füh- rerscheinentzug. Wir waren in der schönen Natur und in dunklen Discos. Die Musik, die dazu lief, war hart und auch sanft. Sie war romantisch und pervers. Sie eröffnete neue Horizonte und brachte neue Denkweisen. Und die Luft war voller Gitarrenklänge und Schlagzeuge, die einen psychodelischen Sound erzeugten. Manchmal auch elektronisch. Rave, Techno und Goa, die damals ebenso angesagt waren, waren im Aufstieg begriffen, nur um bald darauf wieder zu verschwinden. Die Musik bildete mit den Filmen den Soundtrack und die Story zu unserem Leben. Die Drogen verstärkten das Feeling. Es war eine Zeit, die irgendwie schön war, voll von Abenteuer und Leben, auch wenn ich dadurch, ohne es zu wissen, auf einen Abgrund zusteuerte und durch meinen ausschweifenden Lebensstil mein Leben kaputt machen würde.

Das Thema „Außerirdische" trat in dieser Zeit etwas in den Hintergrund. Aber es war immer noch präsent. Durch die Drogen und die Musik kam ich in eine andere Welt. Ich hatte die Tür zur Transzendenz aufgestoßen und drang in sie ein. Während dieser Zeit begann ich auch, Meditationsmusik zu hören. Die Außerirdischen hatten sich nicht gemeldet. Ich hatte intensiv versucht, mit ihnen Kontakt aufzunehmen, aber die Drogen und die Partys ersetzten für eine kurze Zeit diese Bedürfnisse nach mehr.

Arbeit und Ausbildung liefen parallel zum ausschweifenden Leben. Das Leben machte mir Spaß und schien, eine einzige Party zu werden.

Auf einer dieser Partys traf ich dann Sie. Sie sollte

meinem Leben eine neue Wendung geben. Eine Wendung, auf die ich, wenn ich sie vorausgesehen hätte, lieber verzichtet hätte, jedoch nicht auf dieses Mädchen.

Kapitel 3

Zusammen und doch nicht eins

Rückblende 5 - The Wall

Ich hörte die Platte „The Wall" von Pink Floyd. Das Konzeptalbum inspirierte mich. Die Sehnsucht des Protagonisten nach echter Liebe verlieh meiner Liebe Flügel. Ich schrieb alles in einem Brief an sie auf, was ich fühlte. Seit ich sie kennengelernt hatte, war ich zum ersten Mal in meinem Leben richtig glücklich. Meine Gefühle fuhren Achterbahn. Es schmerzte, nicht mit ihr zusammen zu sein, und es erfüllte mich mit tiefer Befriedigung, Zeit mit ihr zu verbringen. Sie brachte mich an meine Grenzen. Es ging alles so schnell, einige Tage, nachdem ich sie entdeckt hatte, schwebte ich auf „Wolke Sieben". - All das schrieb ich auf.

Rückblende 6 - Amsterdam

Wir saßen also endlich im Coffeeshop. Die lange Zugfahrt nach Amsterdam hatte sich gelohnt. Wir hatten zwar keine Sitzplätze im Abteil abbekommen, aber das störte uns wenig. Wir hatten die Nacht eben im

Gang des Waggons verbracht. Im Coffeeshop, in dem wir jetzt saßen und aus er Haschischpfeife rauchten, liefen „The Bucketheads" mit dem Song „The Bomb". Eine Bombe rauchten wir tatsächlich. Das Gras hieß „Bubblegum" und war hoch potent. Als wir auf die Straße gingen, meinten wir in unserem Rausch, man würde uns verfolgen. Wir liefen schnell, um unseren Verfolgern zu entkommen, aber gleichzeitig mussten wir irgendwie lachen – völlig unlogisch.

Zusammen und doch nicht eins

Mittlerweile war Mark, der auch am Bauwagenprojekt beteiligt war, ein guter Freund von mir geworden und ich traf mich oft abends mit ihm. Wir besorgten uns meistens Videos aus der Videothek, um sie im bekifften Zustand anzuschauen. Bald waren wir Filmexperten. Ja, wir grasten regelrecht die Videotheken nach neuen Filmen ab. Bevor wir uns einen Film ansahen, rauchten wir zuerst einen Joint. Danach schauten wir uns die neuesten Movies an und spielten danach gegen einander Schach, was auf der Droge immer ein besonders intensives Erlebnis war. Unter dem Rausch wurde ein einfaches Schachspiel zu einem Kampf auf Leben und Tod. Schach ist dann wie Krieg, der auf einem Brett ausgetragen wird. Keiner von uns beiden verlor gerne und darum dauerte ein Spiel meist mehrere Stunden. Keiner schenkte dem anderen etwas. Schachspiel war tödlicher Ernst und ein Spiel zu verlieren, wurde zu einer herben Niederlage.

Zu der Zeit kam ich auch mit Pornografie in Kontakt, was bei einem Teenager, der sich damit beschäftigt, eine gewaltige sexuelle Spannung erzeugt. Diese Filme übten einen ungeheuren Reiz auf mich aus und die Bilder von nackten weibliche Körpern beherrschten viele Stunden meiner Aufmerksamkeit in meinem Geiste. Ich wollte unbedingt einmal selber Sex haben. Durch die Schmuddelfilme gierte ich förmlich danach. Mittlerweile war ich 18 Jahre alt und immer noch Jungfrau. Da ich schüchtern war, bildete ich mir ein, dass ich bei Frauen wahrscheinlich keine guten Chancen hätte. Auch die Ablehnung des Mädchens in der Realschulzeit hatte dazu beigetragen, dass ich meinte, ich sei für Frauen nicht attraktiv genug. Die Minderwertigkeitskomplexe waren in dieser Zeit jedoch im Hintergrund. Etwas in mir wollte geliebt werden, auch wenn ich mich selbst nicht mochte.

Eines Abends besuchte ich mit einem anderen Freund, Frank, der jetzt im dritten Lehrjahr war und mit dem ich einmal meinen ersten Joint geraucht hatte, eine Feier, am Abend vor dem 1.Mai. In unserer Gegend wurde so ein Fest „Bauerntanz" genannt. In einem Festzelt spielte eine Rockgruppe. An diesem Abend fiel mir ein Mädchen auf. Sie war ungefähr 15 bis 16 Jahre alt und hatte langes schwarzes Haar und wunderschöne Augen. Ich beobachtete sie eine ganze Weile und wartete einen passenden Moment ab, wo ich sie ansprechen konnte. Der Moment kam später in der Bar. Ich hatte schon genug getrunken und mich damit meiner Angst und Schüchternheit entledigt, als ich sie ansprach. Seit dem Moment, als ich sie das erste Mal gesehen hatte, bis zu dem Zeitpunkt, als ich sie ansprach, waren Stunden vergangen, es war inzwischen Nacht. Und ich hatte Glück, dass sie noch da war. Aber ich musste so lange warten, bis ich locker wurde, durch den Alkohol. Ich gab ihr ein Getränk an der Bar aus und kam mit ihr ins Gespräch. Sie erzählte mir daraufhin, dass sie einen guten Freund verloren hätte und immer noch um ihn trauern würde. Sie hatte sofort mein Herz gewonnen. Wir redeten einige Zeit angeregt miteinander. Ich schenkte ihr meine Kette, an der ein handbearbeiteter Stein hing, und legte sie ihr um den Hals, zum Trost für den Verlust. Sie freute sich sichtlich darüber. Wir unterhielten uns noch eine Weile lang und dann fuhren mein Kumpel und ich nach Hause. Das Mädchen, Tanja, hatte einen bleibenden Eindruck bei mir hinterlassen. Irgendwie war es geschehen, dass ich mich in sie verliebt habe. Da das Fest am nächsten Tag weitergehen würde, beschloss ich natürlich, wieder hin zu gehen, damit ich sie wieder sehen konnte. Mein Freund fuhr mich nach Hause. Mein Herz war aufgewühlt und voll Sehnsucht nach diesem Mädchen.

Am nächsten Tag konnte ich es kaum erwarten, dass es Abend werden würde, um sie erneut sehen zu können. Diesmal fuhr ich selber. Damals hatte ich schon ein Auto und einen Führerschein. An diesem Abend kam mein Freund Mark mit, der auch so ein Musik- und Videofreak war wie ich. Ihm hatte ich auch schon

vorgeschwärmt, wie ich ein tolles Mädel kennengelernt hatte und warum ich sie wiedersehen wollte.
Doch als wir ankamen, fand ich sie zunächst nicht.
Den ganzen Abend suchte ich, aber ich fand sie einfach nicht. Nachdem ich den Abend lang Ausschau
gehalten hatte und der Verzweiflung nahe war, sah ich
sie zu einer späteren Stunde. Wieder in der Bar. Ich
freute mich riesig, sie wiederzusehen, und sie schien
sich auch zu freuen. Wir redeten den ganzen weiteren
Verlauf der Nacht miteinander und ich lernte sie ein
wenig besser kennen. Sie hatte die Schule beendet
und machte eine Ausbildung zur Erzieherin. Sie
wohnte in der Nähe. - Und sie zog mich in ihren
Bann.

Als die Zeit schon fortgeschritten war und mein
Freund und ich zu viel Alkohol getrunken hatten, als
dass einer von uns noch hätte Autofahren können, beschlossen wir, bei ihr zu übernachten. Wir mussten
nur einige Kilometer (es waren viele) zu ihr zu Fuß
zurücklegen. Wir hatten uns schon geküsst und es war
für mich das schönste Gefühl, dass ich jemals erlebt
hatte. Mark, mein Freund, entschied, nicht mit zu ihr
zugehen, sondern lieber zu sich nach Hause zu laufen,
auch wenn das bedeutete, dass er einen viel längeren
Weg zurücklegen musste; denn er wollte, dass wir ungestört sein könnten. - Daran kann man einen echten
Freund erkennen: Er schaut nicht auf seinen eigenen
Vorteil, sondern darauf, dass sein Freund ein Glück
haben kann und er ihm dabei nicht im Wege steht.

Wir gingen also zu ihr nach Hause. Nach dieser Nacht war ich so aufgedreht wie nie zuvor in meinem Leben. Das Glücksgefühl des Verliebtseins war stark und ich hatte nur ein Bedürfnis: Mit ihr zusammen zu sein. Ich besuchte sie in der Folgezeit über Wochen fast jeden Tag nach der Arbeit. Wir unternahmen Ausflüge zusammen, besuchten Partys und gingen schwimmen. Dieser Sommer mit ihr zählt zu meinen schönsten Erfahrungen. Ich war zum ersten Mal in meinem Leben richtig glücklich und hatte nur das Ziel, dieses Mädchen besser kennenzulernen und so viel Zeit wie möglich mit ihr zu verbringen. Sie war so schön und aufregend, und sie war mit mir zusammen. Hoffentlich würden wir ewig zusammen sein.

Sie wohnte mit ihrer Mutter, ihrem Stiefvater und ihrer Halbschwester in einer schönen Wohnung. Wenn ich bei der Arbeit war, konnte ich es kaum erwarten, bis der Feierabend da war, um dann zu ihr fahren zu können. Zu dieser Zeit arbeitete ich bei dem Betriebselektriker in unserer Firma. Da ich nur an sie dachte und daher oft unkonzentriert war, machte ich bei der Arbeit so manchen dummen Fehler, was mir auch die Schelte dieses Mannes einbrachte.

Sie hatte ein gemeinsames Zimmer mit ihrer Schwester und wir hielten uns meistens dort auf oder in der Wohnküche ihrer Eltern. Mit ihrer Mutter kam ich gut klar, ebenso mit ihrem Stiefvater. Die Beiden waren einem Joint nicht abgeneigt, so dass ich sie öfters mit Dope belieferte. Ich war zwar kein Dealer, aber ich gab einiges, von dem was ich kaufte, an sie weiter. Ihre Mutter mochte mich und ich saß so manches Mal

bei ihr in der Küche und hörte mir ihre Geschichten
an. Sie erinnerte stark an eine Hippie und ich mochte
sie ebenfalls gern.

Meine Freundin hatte auch zwei gute Freundinnen.
Die eine kannte ich schon, denn ich hatte sie am ersten Abend des Bauerntanzes nach Hause gebracht.
Die andere lernte ich später kennen. Beide waren sehr
sympathisch und wir kamen gut miteinander klar. Alles in allem mochte ich ihre Welt. Die Welt meiner
Freundin.

Tanja war wie ein Wirbelwind. Sie hatte unbändig
viel Leben in sich und brachte mich oft an meine
Grenzen, wenn sie mich herausforderte. Sie liebte es,
mich zu necken und mit mir zu spielen. Ich machte
gerne mit, aber da ich ein stiller Typ war, konnte ich
oft nichts entgegnen oder darauf richtig einsteigen. Jedoch wurde ich nie wütend. Ich liebte ihre Art.

Sie hatte langes schwarzes Haar, war ein wenig pum-
melig, aber für ihr Alter schon sehr weiblich. Jeden
Tag nach der Arbeit fuhr ich zu ihrem Elternhaus. Wir
fuhren oft mit meinem gebrauchten, weinroten VW-
Polo durch die Gegend. Dazu lief immer der aktuelle
Sound. Ich verbrachte manche Tage und Abende bei
ihr zuhause. Sie hatte einen Stiefvater, mit dem sie
nicht ganz so gut klar kam. Weil sie in der Pubertät
war, gab es des öfteren Reibereien. Ihre Mutter war
braungebrannt und lag im Sommer oft im Liegestuhl
in der Sonne und trank Pina Colada. Ihr Stiefvater
lieh mir einen seiner wertvollsten Schätze aus. Das
war eine VHS-Kassette mit dem ersten Film von

„Cheech and Chong". Der Film handelte von zwei Kiffern, die die aufregendsten Abenteuer erlebten. Damals war ich sehr stolz darauf, gewürdigt zu sein, diesen Film ausleihen zu dürfen.

Tanja, ihre Freundinnen und ich besuchten viele Partys zusammen. Ein Abend nach einer Party ist mir noch in schöner Erinnerung geblieben. Wir lagen nachts bei ihr im Zimmer und schauten uns einen Film über die „Doors" an. Eigentlich handelte der Film über Jim Morrison und seiner Lebensgeschichte. Ich weiß noch, wie wir über den Film redeten. Es lag eine Art von Magie in der Luft. Wir fühlen uns jung und wir wussten, dass uns die ganze Welt offen stehen würde. So, wie Jim Morrison die Welt erkundet hatte, so wollten wir auch die Welt erkunden, indem wir uns von seiner Geschichte inspirieren ließen. So lagen wir zusammen da und betrachteten den Film als gemeinsames Erlebnis. Etwas das nur uns gehören würde. Der ganze Abend hatte einen Zauber. Eine intime Zweisamkeit. Ein auf-gleicher-Welle-sein.

Ein anderes Mal fuhren nur wir zweit durch die Gegend in Baden Württemberg um eine Open-Air-Party zu besuchen. Schon während der Fahrt ließ ich die Musik im Radio laufen, die ich immer hörte. Sie zeigte sich begeistert davon. Auf der Party haben wir uns von den anderen abgesetzt und waren „allein zu zweit". Als es schon später geworden war, küssten wir uns. Es war so intensiv, so schön. Ein Mann, der neben uns saß und uns beobachtete, sagte: „Ihr beiden seid für einander bestimmt. Ihr werdet immer zusammen bleiben." An diesem Abend glaubte ich diesem Mann. Doch er sollte nicht recht behalten.

Manchmal lagen wir einfach in ihrem Zimmer und kuschelten. Sie musste früher aufstehen als ich und wenn sie am Morgen schon weg war, brachte ihre Mutter mir meistens einen Kaffee ans Bett. Ich fühlte mich wie ein Pascha.

Leider war ich zu sehr auf Sex aus. Sie dagegen nicht. Ich wollte unbedingt mit ihr schlafen, aber sie wollte sich noch Zeit lassen. Das gab Spannungen zwischen uns und das war der Anfang vom Ende. Durch die Pornografie war ich sexuell verdorben worden. Meine erste Freundin kannte zum einen den freundlichen Gentleman, Dr. Jekyll, aber sie kannte auch den miesen Mr. Hyde, der sich hinter meiner freundlichen Miene verbarg. Das war der, der nur Sex im Kopf hatte und nur an sich selbst dachte. Damals konnte ich meine Sexualität nicht mehr unter Kontrolle halten. Auf der anderen Seite war nicht nur Mr. Hyde da. Es war auch der ehrliche Dr. Jekyll da, der sie von ganzem Herzen liebte, einfach so wie sie war. Doch ich konnte nicht verhindern, dass ich mich in Mr. Hyde verwandelte, der sie unter Druck setzte. Mr. Hyde setzte sich durch. Durch mein forderndes Verhalten trieb ich sie von mir weg.

In dieser Zeit fuhren wir, zwei Freunde und ich, nach Holland, nach Amsterdam. Hier konnte man ganz legal unzählige Sorten von Gras und Haschisch kaufen. Wir mieteten uns in ein Hotel ein und gingen in sämtliche Coffeeshops der Stadt. Wir waren den ganzen Tag breit. Doch einmal erwischten wir wir ein Kraut, das uns derart zusetzte, dass uns derart überdreht, euphorisch, machte, dass es uns nahezu in den Verfolgungswahn, eine Paranoia, trieb. Als wir es geraucht hatten, fühlten wir uns, als wenn wir von Unbekannten, von Passanten, verfolgt würden. Doch durch unseren freundschaftlichen Zusammenhalt und die Witze, die wir machten, nahmen wir das in dem Moment nicht so ernst.

Ich hoffte nur, dass wir bald wieder nach Deutschland fahren würden, damit ich meiner Freundin das Geschenk, das ich ihr in Holland besorgt hatte, geben konnte. Es handelte sich nicht um Dope, sondern um ein T-Shirt.

Als wir wieder einige Zeit in Deutschland waren, fühlte ich eine langsam wachsende Distanz, zwischen meiner Freundin und mir. Sie hatte eine neue Freundin, die etwas älter als sie war, und verbrachte viel Zeit mit ihr. Zeit, die ich eigentlich mit ihr verbringen wollte. Ich konnte es mir nicht richtig erklären, aber es war, als würde sie langsam aber sicher von mir weggezogen werden, und ich konnte nichts dagegen tun. Ich war daran auch nicht ganz unschuldig. Denn obwohl ich sie sehr liebte, habe ich mich manches Mal falsch verhalten, was ich so nicht beabsichtigt hatte. Ich setzte sie auch in sexuellen Dingen zu sehr unter Druck. Es wuchsen Spannungen zwischen uns, die sich auch aus unseren verschiedenen Verhaltens- und Sichtweisen als Mann und Frau ergaben, womit ich nicht umgehen konnte. Sie gab mir mehrmals zu verstehen, dass sie eigentlich mit jemand anderem zusammen sein wollte. Aber damals machte ich mir keine großen Gedanken darüber und zog auch keine Konsequenzen daraus, sondern nahm es einfach nur zur Kenntnis. Gleichzeitig fühlte ich, dass ich bald wieder allein sein würde. Doch das wollte ich nicht, und ich wollte es deshalb auch nicht wahrhaben.

Abseits stehen, fünftes Rad am Wagen sein – kennst du das Gefühl? Ein besonderes Erlebnis diesbezüglich hatte ich, als ich mit Tanja und meinen Bekannten auf einer Open-Air Party war. Es spielte eine Band und ich war den ganzen Abend an der Bar, bis sich die Wirkung des Alkohols allmählich bemerkbar machte. Währenddessen hatte ich meine Freundin irgendwie in der Menschenmenge verloren. Sie war einfach unauffindbar. Obwohl ich sie suchte, konnte ich sie den ganzen Abend nicht mehr finden. Einsamkeit machte sich in mir breit. Ich fühlte mich einsam und verlassen, während ich so alleine an der Bar stand. Die Sehnsucht nach echter Liebe und echter Beziehung wurde wieder groß. Doch ich beschloss die Menschenmenge hinter mir zu lassen. Ich verließ die Bar. Es war schon um 4 Uhr nachts. Langsam ging ich durch die Menschen und ließ die Party hinter mir. Ich stieg einen Berg hinauf und konnte die Party von oben betrachten. Ich sah das lärmende Gewirr von Menschen, die sich unterhielten, tanzten, tranken, flirteten, neue Beziehungen entstanden.Ich hörte nur ein Raunen von menschlichen Stimmen, männlichen und weiblichen - und die Musik der Band. Aber ich ging weiter. Auf den Anstieg am Berg folgte ein Wald. Je weiter ich ging, desto leiser wurden die Gespräche und die Musik. Es wurde still. Ich bewegte mich weiter. Der dunkle Wald, unter einem hell leuchtenden Mond, nahm mich auf. Ich hörte Nachtvögel, die piepten und Geräusche im Unterholz. Ich hörte die Geräusche der Nacht. Ich ging durch den schwarzen Wald. Danach fand ich einen Feldweg. Ich folgte ihm. Während ich mich immer weiter von der Zivilisation entfernte, begann der Morgen zu dämmern. Langsam floh die Dunkelheit und das Licht nahm überhand. Die warme Morgensonne strahlte auf meine Kleidung. Der Sonnenaufgang war wie ein Gebet für mich. Ein heiliger Moment, wenn die Nacht verschwindet und die Sonne immer höher steigt. Als die Sonne aufgegangen war, war ich meilenweit von der Party entfernt. Ich lief über Feldwege. Ganz alleine. Niemand war da und meine Gedanken wurden weit. Ich sehnte mich nach meiner Freundin und war doch froh, weit weg zu sein. Einsamkeit ist tröstlich und schmerzhaft zugleich.

Nach ein paar Stunden der Wanderschaft beschloss ich umzukehren und meine Freundin zu suchen. So setzte ich mich in Bewegung und ging zurück in den Ort, wo das Fest stattgefunden hatte. Ich hatte mich in der Zwischenzeit weit davon entfernt. So hatte ich nun einige Kilometer zurück zu laufen, nun aber unter glühender Sonne. Als ich die Straße entlang ging, wagte ich meinen Augen kaum zu trauen. Mir kam eine Gruppe von Jugendlichen entgegen und Tanja war auch dabei. Die ganze Nacht war sie verschwunden gewesen und ich hatte nicht gewusst, wo oder wohin. Das war mir überhaupt nicht egal, aber nun hatte ich sie wiedergefunden, allerdings nur für kurze Zeit.

Die Distanz zwischen uns war größer geworden. Als ich die Party verlassen und einfach geradezu durch Wald und Felder gegangen war, hatte sie mich nicht vermisst. Auch am Morgen, als wir uns trafen, war sie weder besonders erfreut, noch hatte sie sich Sorgen um mich gemacht. In mir wuchs langsam Verzweiflung. Ich wollte sie auf keinen Fall verlieren.

Ich geriet langsam aber sicher ins Abseits.

Kapitel 4

Eine Psychose bahnt sich an

Rückblende 7 - Ich habe jemand, und du?

„I go through this, before you wake up, so I can be happier, to be save again with you." „Ich gehe durch dies alles, bevor du aufwachst, so bin ich umso glücklicher wieder sicher bei dir zu sein." Ich lag wie betäubt im Liegestuhl auf unserer Terrasse und hörte diesen Satz, den „Björk" sang. Glückliche Björk! Sie hatte jemanden zum glücklich werden. Nur würde ich nie wieder glücklich zusammen mit meiner Freundin sein. Es hatte mich wie einen Schlag getroffen. Wir hatten uns gestritten, wegen einer Lappalie. Ich hatte das endgültig zerstört, was sowieso schon am auseinander driften war. Nun war sie mit einem Bekannten zusammen und hatte die Nacht mit ihm verbracht. Ich wollte sie nur zurück haben. Aber ich wusste nicht, was ich sagen oder tun sollte. Ich beschloss, sie freizugeben. Mein Stolz war gekränkt und ich fühlte mich unglaublich wertlos. Diese Wertlosigkeit hatte ich früher schon öfter erfahren. Nun kam sie mit voller Wucht zurück. Ich war einfach kein liebenswerter Mensch.

Ich entschied, ruhig zu bleiben. Nur keinen Ton von mir zu geben. Sie suchten mich bereits. Sie waren auf dem Weg zu mir, um mich umzubringen. Einen so verabscheuungswürdigen Menschen wie mich konnte man nur umbringen. Ich hatte es nicht verdient am Leben zu sein. Jeder wusste, was in mir vorging. Jeder kannte meine Gedanken und meine Scham. Alles, was in mir vorging, lag aufgedeckt vor allen Menschen. Die Scham über mich selbst und die Gedanken, dass ich wertlos und nicht so toll wie die anderen war – all das wußten sie. Die anderen waren gut drauf, nette Menschen und liebenswürdig. Ich dagegen war negativ, böse und ein Schwein. Ruhig sein. Ich muss ruhig sein, sonst finden sie mich. Sie dürfen mich nicht finden. Sonst machen sie mich in meiner Schwäche zum Gespött. „Gott hilf mir!" „Gott wo bist Du? Ich brauche dringend Hilfe!

Eine Psychose bahnt sich an

Es war schnell auseinander gegangen. Uns waren nur wenige Monate geblieben. Erstens hatte ich sie durch meinen Egoismus von mir weggetrieben, und zweitens war sie nie richtig glücklich mit mir gewesen. Sie hatte hinter meinem Rücken meine Freunde abgecheckt und war nun mit einem von ihnen zusammen. Wir, dass heißt die Clique, die sich um uns gebildet hatte, waren beim Zelten an einem Baggersee gewesen. Meine Freundin hatte ein Auge auf einen Bekannten geworfen, was ich zu meinem Verdruss mitbekommen hatte. Ihre neue Freundin hatte mein Auto benutzt und den Tank leer gefahren. Ich meinte, dass Auto sei kaputt und reagierte wütend. Auf die Beschwichtigungsversuche meiner Freundin reagierte ich abweisend. Aber weniger wegen des Autos sondern vielmehr wegen der Tatsache, dass sie sich für einen Bekannten interessierte. Ich reagierte sehr schroff. So verließ sie mich an diesem Abend und verbrachte die Nacht im Zelt des Bekannten. Danach war ich emotional am Ende. Ich hatte sie wirklich geliebt. Aber das Bild, das ich von ihr gehabt hatte, war nicht richtig gewesen. Es hatte nicht der Realität entsprochen. Ich hatte ihr das, was sie suchte, nicht geben können und sah sie selber vielleicht nie so, wie sie als Person wirklich war. Verliebtsein kommt oft einem Wahn gleich und ich hatte nicht mehr rational gedacht. Auch fehlte die offene und ehrliche Kommunikation zwischen uns. Dafür war ich noch nie geeignet gewesen, ich hatte das nie gelernt, denn in meiner Kindheit hatte es das nie gegeben. So war ich jetzt wieder allein, nachdem die Situation beim Zelten an dem Baggersee eskaliert war und sie jetzt mit diesem Bekannten von mir zusammen war. Ich fühlte mich unendlich wertlos und schuldig.

Daher beschloss ich meinen Schmerz mit Musik und Drogen zu betäuben.
Als wir vom Baggersee heimfuhren, wusste ich, dass es zu Ende war. Ich fühlte mich hilflos und lag zuhause nur im Liegestuhl auf der Veranda. Ich hörte Musik

und war wie betäubt. Alles hatte sich ins Negative gewandelt. Die Momente des Glücks, die wir erlebt hatten, schienen nie stattgefunden zu haben. Sie waren jetzt in unerreichbarer Ferne, wie ein Traum, den man nach dem Aufstehen vergisst. Jetzt wusste ich, was echter Verlust ist. Es ist nicht leicht, damit fertig zu werden, wenn jemand, mit dem man zusammen sein will, einen ablehnt und zudem noch hintergangen hat. Auch ist der Gegensatz zwischen der Realität und den eigenen Wunschvorstellungen schwer zu ertragen.

Ich entschied mich dazu, mich weiter zu betäuben, um den Schmerz nicht fühlen zu müssen. In der Folgezeit ging ich daher wieder auf Partys und kiffte, was das Zeug hielt. Zuhause in meinem Zimmer drehte ich die Musik voll auf, zum Verdruss meines Stiefvaters. Ihm und meiner Mutter sagte ich nichts, sondern zog mich zurück, um meine Wunden zu lecken.

In meinem Dilemma dachte ich, dass mir Weiße Magie, die ich durch den esoterischen Zweig der UFO-Literatur kennengelernt hatte, hier weiterhelfen könnte. Ich besorgte mir also Bücher darüber. Vielleicht könnte ich sie ja dadurch zurückbekommen. Es musste doch eine Macht geben, die dazu fähig war, so hoffte ich damals – egal wie! Wie in den Büchern beschrieben und aufgefordert wurde, kaufte ich mir Kerzen und führte magische Rituale durch. Ich kaufte mir auch ein chinesisches Orakel, das die Zukunft voraussagen können sollte. Auch das wollte ich damals glauben, und warf daher jeden Tag dessen Lose und erfragte so meine Zukunft. Ich versuchte telepathischen Kontakt zu den „Lichtmächten" aufzunehmen und hörte gleichzeitig die satanischen Lieder von „Marilyn Manson" und „Fields of the Nephilim". Ich hielt Weiße Magie und „Lichtmächte" für etwas Helles, etwas Gutes und hörte ja gleichzeitig diese düsteren, satanischen Lieder, aber ich empfand keinen Widerspruch. Und ich wusste und glaubte auch nicht, dass hinter diesem allen der Teufel stecken könnte. Für mich war es nur Musik, die durch die Drogen toll 'rüberkam und meinen Schmerz betäubte. Ich bevorzugte immer mehr diese Musik, die den Schmerz verherrlicht und das Selbstmitleid pflegt. Mein Musikstil war härter, dunkler, aber auch melancholischer geworden, meiner Stimmung entsprechend, Selbstmitleid und Trauer. Die Gothic-Musik entsprach genau meinen Bedürfnissen. Und doch half mir das alles nicht, sie zurück zu bekommen. Ich blieb alleine.

Den ganzen Schmerz versuchte ich einfach zu verdrängen. Auch wenn jemand versuchte mit mir darüber zu reden, verschloss ich mich. Ich versuchte alles einfach zu überspielen. Ich öffnete mich nicht und gab den coolen und harten Typen, der ich natürlich nie war.

LSD

Das erste Mal kam ich damit auf einem Musikfestival in Kontakt, dem Strange-Noise-Festival in Baden Württemberg, bekannt für seine niedrigen Eintrittspreise und die alternativen Bands. Wir waren zu viert unterwegs. Einer davon war geübt in der Einnahme von LSD. Beim LSD könnte man, so versicherte er uns, einen positiven, angenehmen Trip erleben. Ein Trip könnte aber auch in einen Horrortrip umschlagen, wenn man in finstere Gedanken abdriftete. Dieser junge Mann, der dabei war, wollte den Trip lenken. Er war geübt darin und nahm fast jedes Wochenende diese Droge. Man braucht, wenn man LSD nimmt, Gemeinschaft und einen Führer. Beim LSD Trip sollte man nicht alleine sein, um die Gefahr, in negative Gedanken und Angstzustände abzugleiten, zu verringern. Ein sogenannter Führer kann jemand sein, der weiß, wie LSD wirkt. Er versucht den Trip in eine angenehmere Richtung zu lenken.

Als wir auf dem Gelände ankamen, bauten wir zuerst unsere Zelte auf und machten uns mit der Umgebung vertraut. Als es langsam Nachmittag wurde, nahmen wir jeder ein ganzes „Ticket". Ein Ticket ist ein ganz kleiner Fetzen Löschpapier, das mit LSD getränkt ist. Ich war gespannt darauf, wie das Ganze wirken würde. Doch zunächst geschah nichts. Wir waren an Verkaufsständen unterwegs, wo T-Shirts, Buddha-Statuen, Kettchen und allerlei Ramsch verkauft wurde. Bei Festivals gibt es viele solcher Stände, die Esoterik Artikel und dergleichen anbieten. Plötzlich bemerkte ich eine Veränderung im Bewusstsein. Das LSD begann langsam zu wirken. Ein LSD Rausch ist schwer zu beschreiben. Es können optische Halluzinationen auftreten. Es können ungewöhnliche philosophische Gedanken kommen, über die man redet. Die Geschmacksnerven werden eingeschränkt. Man kann Bier trinken, ohne betrunken zu werden. All das geschah. Wir redeten die ganze Zeit über philosophische Dinge und rätselten über den Sinn des Lebens. Wir stellten fest, dass wir Bier wie Wasser trinken konnten und sahen auf dem Boden Farbmuster und andere Dinge. Die Zigaretten, die ich rauchte, erschienen mir ungewöhnlich groß, größer als sonst. Eine optische Täuschung, eine Verzerrung meines Sehens.

Das Negative an einem solchen Trip ist, dass man nicht aussteigen kann, was auch die Gefahr, in einen Horrortrip abzugleiten, erhöht. Die Wirkung geht über mehrere Stunden, und man muss diesen Trip durchstehen. Anders als beim Haschisch dauert die Wirkung viel länger. Für mich dauerte der Trip fast zu lange, denn der Rausch hielt für sehr lange Zeit an.
Als wir wieder beim Zelt waren, legten wir eine Kassette von Santana ein. Es war faszinierend diese Musik auf LSD zu hören. Die Gitarrenklänge und Gitarrensolos erreichten durch das LSD eine ungewöhnliche Intensität und Kraft. Es schien uns, als wären die Lieder von Carlos Santana auf LSD aufgenommen und komponiert worden, so gut passten sie zu dieser Droge.
Der Trip dauerte die ganze Nacht. Und der Führer unserer Gruppe schaffte es, dass niemand einen Horrortrip hatte, da er die Kontrolle behielt.
Am Morgen danach, als das LSD am Abklingen war, spielte auf dem Festivalgelände die Gruppe „The Walkabouts". Sie machten wunderschöne Folkmusik, wunderschöne Melodien, mit Streichern. Auch die Sängerin hat eine angenehme Stimme. Es war eine Erlösung als der Trip endlich nachließ und wir diese

schöne Musik hörten. Ich musste feststellen, dass ein solcher Trip sehr anstrengend ist. Später nahm ich noch ungefähr drei Mal einen Trip.

Man kann auf LSD hängen bleiben und das LSD speichert sich in der Wirbelsäule, manchmal ein Leben lang. Nach einem Trip ist man nicht mehr der Selbe wie vorher. Das musste ich auch bei mir feststellen. Meine Persönlichkeit hat sich nach jedem LSD Trip etwas verschoben. Nach einem Trip wusste ich nicht mehr, wer ich genau war. Teile meiner Persönlichkeit schienen verloren gegangen zu sein und ich musste mir eine neue Identität erarbeiten. Bestimmte positive Anteile meiner Persönlichkeit schienen für immer verloren gegangen zu sein und andere negative Anteile schienen hinzuzukommen. Diese Droge wirkte stark auf mein Bewusstsein. Sie beschleunigte den Weg in den Wahnsinn, der noch kommen sollte. Ich fühlte mich, als wenn ich ein Anderer geworden wäre. Während dieser Zeit, nach der Trennung von meiner Freundin und dem Ausprobieren von LSD, zog ich mich oft zurück, um mit dem Auto in weiter entfernte Gegenden zu fahren. Meist fuhr ich nach Bad Urach, in ein Thermalbad, das einige hundert Kilometer von unserem Zuhause entfernt war. Am Freitag Abend ging es los. Ich legte die „Dire Straits" in den CD-Player des Autos ein und fuhr mit den sanften Gitarrenklängen durch die einsamen Städte in Baden Württemberg. Die Fahrt zog sich hin. Ich fuhr durch Städte und Dörfer. War hier vielleicht ein Mädchen zuhause? War hier ein Mädchen, welches bei ihren Eltern im Haus lebte, das auf mich wartete? Ich stellte mir vor, dass irgendwo in einer Dachgeschosswohnung in solch einem Dorf ein Mädchen lebte, das nur darauf wartete, mich kennenzulernen. Ich stellte mir vor, wie sie im Sommer an einen Baggersee ging, bei dem eine Freiluftparty wäre. Sie würde dort auf jemanden warten und sie würde mich unter einem klaren, mit Sternen übersäten Himmel kennenlernen, irgendwo in Baden Württemberg. Ich würde mit in ihre Dachgeschosswohnung kommen und sie begutachten. Das alles würde nach einer tollen Party geschehen, die neben einem Wald, über dem der sternenklare Himmel war, stattfinden würde. Irgendwo in diesem Baden Württemberg, so dachte ich, würde ein Mädchen darauf warten, mich kennenzulernen. Sie würde sich über mich freuen und sie würde mich lieben.

All diese Gedanken kamen mir, wenn ich durch das Bundesland fuhr. Ich fuhr durch entlegene Dörfer und Städte. Ich fuhr bei weißem Schneetreiben und an einsamen Herbstabenden, wenn die Dämmerung einsetzte und die Straße glatt war. Manchmal rauchte ich auch dazu einen Joint bei der Autofahrt. Meine Sehnsucht war groß. Wann würde ich nochmal das Verliebtsein erleben dürfen. Doch das Leben hatte andere Pläne. Träume sind schön. Aber sie werden leider viel zu selten Realität. An diesen Freitagabenden, ganz allein auf der Straße, nur wenig Verkehr, da öffnete sich meine Seele und träumte und schrie nach Leben. Ein Stück weit lebte ich in diesen Momenten, und ein Stück weit vergaß ich die traurige Realität.

Nach diesen Wochenenden ging die Ausbildung wieder ihren gewohnten Gang. Mittlerweile hatte mein Mit-Azubi Martin eine Freundin und ich war etwas neidisch auf sein Glück.

Ich blieb in der Nähe der Clique, die sich um meine Ex-Freundin und ihren neuen Freund aufgebaut hatte. Es war nie meine Clique gewesen, aber ich wollte in ihrer Nähe sein. Bei vielen Gelegenheiten wurde hier gekifft und ich merkte, dass ich beim High-Sein immer mehr negative Erfahrungen machte. Ich fühlte mich dann wertlos und merkte, wie die anderen gut drauf waren und ich immer mehr negative Gedanken und Eindrücke beim Kiffen bekam. Ich fühlte mich als der Böse, die anderen waren die Guten. Das verstärkte meine Minderwertigkeitskomplexe. Ich hatte Angst, dass jemand sehen würde, wie verzweifelt ich war und wie sehr ich versuchte, keine Schwäche zu zeigen. Denn Schwäche, so hatte ich von meinem Vater gelernt, ist ein Grund dafür, sich zu schämen.

Je mehr ich kiffte, umso schlechter ging es mir. Ich begann im Rausch Stimmen zu hören und fühlte mich in Gegenwart der anderen immer schlechter, böser und elender, als wäre eine unsichtbare Barriere zwischen ihnen und mir. Die Stimmen, die ich hörte, waren zwar eigene Gedanken, aber ich merkte, wie diese Gedanken sich verselbstständigten und mir unverständlich wurden. Ich hörte Gespräche und Stimmen in meinem Kopf. Irgendwie war mein Verstand gespalten worden und es wurde nach jedem Trip schlimmer. Manchmal meinte ich sogar, ich wäre der Teufel in Person, wenn der Rausch zu intensiv war. Diese Horrortrips waren besonders schlimm.

Ich fühlte mich verdammt und meinte, ich wäre böser als alle anderen, und dass Gott so jemanden wie mich eigentlich nur zur Verdammung bestimmt haben könnte. Diese negativen Trips wurden durch die negative Musik, die lief (meine Freundin war auch auf Gothic umgestiegen), mehr und mehr verstärkt. Diese Gedanken und Gefühle konnte ich nicht mehr einordnen. Im Rausch fühlte ich mich von den anderen bedroht. Sie führten angeregte Gespräche und ich schaffte es nicht, mich daran zu beteiligen, und wenn ich dann doch 'mal etwas sagte, kam es bei den anderen nicht gut an. Äußerlich saß ich manchmal ruhig da und innerlich tobte ein Kampf in mir. Ich fühlte mich von den anderen ausgegrenzt und verachtet, was manchmal auch tatsächlich der Fall war. Ich war ja nur ein Anhängsel der Gruppe und wurde geduldet, aber nicht geliebt.

Auf sexuellem Gebiet ging ich mit anderen Freunden jetzt häufig in Bordelle und Puffs. Ich ließ einiges an Geld dort. Dies geschah häufig, wenn wir in Ulm waren, eine Party besucht hatten und nachts noch betrunken einen sogenannten „Stubendurchgang" machten. Auch fuhr ich sonntags oft in eine Sauna nach Ulm, um mich an den nackten Frauen zu ergötzen, wobei ich im Saunagarten immer einen Joint rauchte. Ich versuchte damit, mein Leid und meine Minderwertigkeit zu betäuben, indem ich meinen Augen einen Kick gönnte. Falsch ausgelebte Sexualität schien das geeignete Ventil zur Verdrängung des Dilemmas zu sein. Zwischendurch hatte ich zwar wieder einmal eine Freundin, aber ich habe sie nie geliebt, sondern gebrauchte sie nur für meinen Trieb. Liebe konnte ich nicht mehr zulassen.

(Noch heute tut mir das sehr leid und ich schäme mich dafür, wenn ich daran denke, was ich diesem Mädchen angetan habe, indem ich sie nur benutzte.)

Meine Empfindung und was es heißt zu lieben und Liebe anzunehmen, war massiv gestört.
Die darauffolgende Zeit lebte ich nur dafür, um meinen Schmerz zu betäuben, mit „Sex, Drugs and Rock´n´Roll". Gleichzeitig zeigte sich bei mir durch die Drogen, die Magie, die ich praktizierte, und die Ufologie eine gewisse Medialität, eine Sensibilität für Spiritismus, für das Erkennen von Fremdenergien. Meine Gedankenwelt driftete in den Aberglauben ab. Ich war jetzt offen für eine unsichtbare Welt, die sich in meist negativen Trancezuständen bemerkbar machte, die durch Drogen ausgelöst wurden. Diese Welt machte mir Angst und sie machte sich hauptsächlich in schädlicher Weise bemerkbar.

Bevor ich mit meiner Freundin zusammenkommen war, war ich schon einmal aus Neugier bei einer Hure gewesen. Aber dort war nichts Wesentliches passiert. Nach der Trennung von meiner Freundin, als ich beschlossen hatte, meine Triebe und meine Lust voll auszuleben, entdeckte ich dann auch das Swingerleben. Mit Freunden fuhr ich regelmäßig nach Frankfurt, wo wir die ganze Nacht in Bordellen und Strip

Clubs unterwegs waren. Wir verbrachten exzessive Abende mit Prostituierten und Stripperinnen.

Der andere Trend, der langsam aufkam, war das Swingen. Dieses übte eine große Faszination auf mich aus. Es gab noch nicht so viele Swingerclubs wie heute und damals zählte man noch zu einer sehr kleinen Minderheit, wenn man in diese Nachtlokale ging und sich am Gruppensex beteiligte. Das ungezügelte Treiben dort war wie eine Droge. Wenn ich hinging, dann wusste ich nie, was mich erwarten würde. Im Vorfeld empfand ich immer eine gespannte Vorfreude, denn ich wusste nie, wen ich treffen würde und was für ekstatische Erfahrungen ich machen würde.

Da ich noch jung war und nicht schlecht aussah, kam ich bei Frauen und Paaren mittleren Alters gut an. Ich hatte jedes Mal, wenn ich in einen Club ging, gute Aussichten auf sexuelle Kontakte. Mit der Zeit wurde dieser Kick zur Gewohnheit. Ich weiß nicht mehr, wie oft ich dort gewesen bin, aber dieses Swingen ließ mich nicht mehr los. Da ich keine abstoßenden Erfahrungen machte, trieb ich diese Sucht bis zum Äußersten. Dabei wurde ich jedoch immer abgebrühter in Bezug auf echte Beziehungen. Ich meinte, dass das alles wäre, was ich noch erwarten könnte.

In einer echten Beziehung spielt auch Zärtlichkeit und Sanftheit eine große Rolle. Eine Berührung oder ein Kuss kann viel schöner und erfüllender sein, als der Geschlechtsakt. Ich war jedoch nur auf sexuelle Reize aus. Nicht mehr auf Liebe. Sex ohne Liebe ist wie eine Suppe ohne Salz. Er erfüllt die seelischen Bedürfnisse nicht, sondern gibt nur eine kurzzeitige körperliche Befriedigung. Danach fühlt man sich jämmerlich und so leer, wie vorher, oder sogar noch leerer und muss wieder den nächsten Kick suchen.

Echte Liebe ist mehr als nur Sex. Sie sucht nicht nur die eigene Befriedigung, was in einem Swingerclub ja meistens der Fall ist, sondern auch die des Anderen. Man möchte mit dem geliebten Partner eins werden, Gemeinschaft mit Körper, Seele und Geist haben.

Beim Swingen gibt es all dies nicht. Sondern nur der Trieb und die Triebbefriedigung sind im Vordergrund. Swingen und Hurerei zerstören die zarten Gefühle der Seele und stumpfen das sensible Gefühlsleben ab. Man braucht immer wieder einen größeren und neuen Kick, um die Glücksgefühle, die zur Sucht gehören, aufrecht zu erhalten. Swingen schadet. Diese leidvolle Erfahrung habe ich gemacht. Man verliert immer mehr die Fähigkeit, eine richtige Beziehung leben zu können. Beim Swingen muss man nichts investieren, außer den hohen Eintrittspreis als Single. Durch dieses alles habe ich die Fähigkeit, eine Frau zu lieben und zu achten, verloren. Man benutzt andere und wird benutzt. Das ist auch eine der großen Tragödien unserer Zeit. Nichts ist mehr verbindlich. Jeder ist austauschbar und ersetzbar. Die Liebe zieht sich immer mehr zurück.

Der psychotische Schub in Holland

Doch zuvor geschah noch etwas Einschneidendes, etwas, das so schrecklich war, dass ich es fast nicht wiedergeben kann:

Wir waren auf einem Festival in Holland. Da man ja, wie jeder weiß, in Holland leicht an Drogen kommt, deckten wir uns kräftig mit allerlei Gras- und Haschischsorten ein. Ich war mit der Clique meiner Ex-Freundin und ihrem Freund unterwegs. Die Gruppe mobbte mich indirekt, indem sie hinter meinem Rücken schlecht über mich redeten. Ich spürte förmlich die Verachtung, mit der sie mich bedachten. Meine Ex-Freundin redete nicht gut von mir und die anderen wussten, dass ich nur so tat, als wäre alles in Ordnung. Ich spielte etwas vor und jeder merkte es. Ein Freund berichtete mir, was die anderen hinter meinem Rücken über mich sagten. Dies speicherte sich in meinem Unterbewusstsein ab, ich ließ es aber unter der Oberfläche und ließ es nicht zu nahe an mich heran. Inzwischen aß ich nicht mehr viel, sondern saß nur noch kiffend im Zelt, denn wir zelteten auf dem Festivalgelände. Ich fühlte immer mehr Negatives in mir, je mehr ich rauchte. Auf diesem Festival spielte Marilyn Manson und ähnliche Gruppen. Ich war hauptsächlich wegen diesem Frontmann mitgekommen.

Wir sahen uns das Konzert von M. M. an und ich spürte eine mediale Verbindung mit ihm. Es war eigenartig. Es lag, wie ich meinte, eine Art kollektives Bewusstsein in der Luft und es war, als würde Marilyn Manson genau zu diesem Bewusstsein sprechen. Mir schien es, als wüsste dieser Sänger alles über mich und über alle Leute. Zum Schluss des Konzertes – ich war inzwischen total breit – sagte er etwas: „There is so much horror around us.". Und ich spürte, dass tatsächlich eine finstere Macht anwesend war, um uns herum. Ich hätte nicht hierher kommen dürfen, so dachte ich. Ich bereute es, mitgekommen zu sein. Jetzt war ich jedoch auf einen Zug aufgesprungen, der nicht mehr anhalten würde, wie ich wusste, und ich glaubte, das Festival bis zum Ende durchstehen zu müssen.

Nach dem Konzert besuchten wir besuchten wir eine Hypnose-Show. Der Hypnotiseur hatte eine Crew dabei, von denen er viele hypnotisierte. Er gab sich als Magier aus und tat so, als hätte er eine unglaubliche Macht über die unsichtbare Welt. So beeinflusste er unter anderem einen Mann, dass dieser mit seinem Glied eine Autobatterie tragen konnte. Die Show empfand ich als widerlich. Ich spürte wieder, dass hier eine dunkle Macht anwesend war, die nicht gut war. Da ich mich als Lichtmagier sah, begann ich diesem Mann durch Telepathie zu trotzen. Ich fühlte mich auf der Seite des Lichts und glaubte, dass dieser Mann auf der Seite der Finsternis stand. Was danach geschah, weiß ich nicht mehr genau. Die Erinnerung ist verschwommen. Ich weiß nur noch wie der Mann sagte: „All the horror will come out", und mich dabei anzublicken schien. Danach habe ich jede Erinnerung verloren. Sie setzt erst wieder ein, als wir bei unseren Zelten waren.

Bei den Zelten fühlte ich, wie eine negative Kraft von mir auszugehen und die anderen zu beeinflussen schien. Ich fühlte mich wie das absolut Böse in Person. Der Rausch war in keinster Weise mehr angenehm, schon lange nicht mehr. Wir hatten zusammen im Zelt gesessen, uns unterhalten und viel geraucht. Ich meinte, dass die Anderen meine Gedanken lesen könnten und genau wüssten, was für Gedanken ich hatte. Ich versuchte, mich zu schützen, aber es war, als wüssten die anderen jeden Gedanken von mir.

Nachdem es spät geworden war, ging ich alleine in mein Zelt und plötzlich geschah es: Ich hörte alle Leute um mich herum über mich reden. Ich bekam Sätze und Wortfetzen mit, die sich um mich drehten. Sie beurteilten mich, einige gut – andere schlecht, das Schlechte überwog. Es schien mir, als würden alle Menschen auf dem Campingplatz über mich zu Gericht sitzen. Sie schienen jeden meiner Gedanken zu kennen und mich genau zu durchleuchten. Vor Angst und Verzweiflung schrie ich in panischen Attacken, ob dies wohl aufhören möge. Doch es hörte nicht auf. Kurze Zeit später bemerkte ich, wie ich meinte, dass sich Leute zusammentaten, um mich zu töten. Sie hielten mein Gejammer nicht mehr aus, wie ich mir einbildete, und wollten die Welt von meinem unwerten Wesen reinigen. Ich zitterte am ganzen Leib und versuchte, keinen Laut von mir zu geben. Sie sollten mich nicht finden, denn niemand konnte wissen, wer in welchem Zelt lag. Meine Gedanken fuhren Karussell und ich durchlebte die größte Existenzangst, die ich jemals hatte. Ich wollte nicht so sterben.

(Später erklärte man mir, dass dies die Anzeichen einer durch Drogen ausgelösten Paranoia waren. Aber zu diesem Zeitpunkt war mir das nicht klar. Für mich war es keine Wahnvorstellung, sondern grausame Realität.)

Als der Morgen kam und ich aus dem Zelt trat – ich hatte die ganze Nacht geschrien und nicht geschlafen – fragten die anderen, was denn los gewesen sei und warum ich geschrien hätte. Ich sagte nichts dazu. Zu tief saß der Schrecken. Ich starrte in den Spiegel, um mich anzusehen, und sah ein Gesicht mit weit aufgerissenen Augen. Dann bauten wir die Zelte ab und brachen auf. Nach einer langen Autofahrt kam ich endlich zuhause an.

Mein Stiefvater sagte einmal, dass ich nach dieser Fahrt nie wieder der Gleiche wie früher gewesen wäre. Ein psychotischer Schub hatte meine Persönlichkeit wesentlich verändert. Dies war durch die Drogen geschehen. Das Gefühl, das mich ab jetzt bestimmte, war Angst. Die Diagnose würde „paranoide Schizophrenie" lauten. Diese Diagnose, die mir die Ärzte später gaben, sollte mein Leben erheblich einschränken, aber auch auf übernatürliche Weise erweitern.

Auslandsmontage in Schweden

Nach dieser Holland-Fahrt bekam ich von meiner Firma eine besondere Aufgabe. Ich hatte mich nämlich freiwillig für eine Auslandsmontage gemeldet. Ich sollte bei einer Holzverarbeitungsmaschine nachträglich die Einzelader-Beschriftung anbringen. Damals wusste ich noch nicht, auf was ich mich da eingelassen hatte. Einzelader-Beschriftung einer kompletten Anlage bedeutete, dass jeder Draht, ob an der Maschine oder im Schaltkasten, beschriftet werden musste. Die Maschine war schon ausgeliefert worden und befand sich in Schweden. Jeden einzelnen Draht einer Anlage, die in einer großen Maschinenhalle stand, zu beschriften, war eine sehr undankbare, fast nicht lösbare Aufgabe.

So fuhren ein Maschinenschlosser und ich mit dem Auto nach Schweden. Da der Mechaniker wusste, dass das Bier in Schweden schier unerschwinglich war, nahmen wir mehrere Paletten Dosenbier von zuhause mit. Wir brauchten mehrere Tage für die Anreise, da wir mit einem Firmenwagen unterwegs waren. Wir fuhren auch auf einer Fähre über die Ostsee.

In Schweden angekommen, machten wir uns an die Arbeit. Wir arbeiteten mehr als zehn Stunden am Tag und ich führte die Arbeit so gut aus, wie ich es in meiner Lage konnte.

Kapitel 5

Husten

Rückblende 9 - Jesus?

Die Reikimeisterin stand neben der Liege, auf der ich lag: „Ich rufe die Engel, ich rufe den Erzengel Michael, die Lichtmeister und guten Geister." Nichts geschah. Ich lag einfach da und wartete was geschehen würde. Plötzlich legte sie ihre Hand auf meine Brust. Die Hand wärmte meine Brust. Doch als sie die Hand wegnahm, schien es mir, als wenn die Hand immer noch auf meiner Brust liegen würde. Sie rief sämtliche Geister an, doch nichts schien zu geschehen. Plötzlich sagte sie: „Jesus ist ganz nah bei Dir." Auf einmal öffnete sich meine Seele und ein Strom von Wärme und Liebe floss durch mich. Mir kamen die Tränen und ich weinte, auch sie bekam feuchte Augen und sagte: „Du hast gerade die Liebe Gottes erfahren."

Rückblende 10 – Psychotischer Schub

Ohne wirklich zu wissen, was mich erwartete, hatte ich meinen Wehrdienst angetreten. Ich hatte nicht verweigert und hoffte, dass es mir bei der Bundeswehr gefallen würde. Aber so etwas hatte ich überhaupt nicht erwartet. - Was hatte ich eigentlich erwartet? - Hatte ich mir überhaupt zuvor Gedanken gemacht, wie es bei der Bundeswehr sein würde? - Worauf hatte ich mich da bloß eingelassen?

Der Drill ist hart. Kein freundliches Wort – man muss nur funktionieren. Keine persönliche Freiheit und vor allem: Kein Ort, wohin man sich zurückziehen kann. Ich finde keine Ruhe mehr, keinen Ort, wo ich ungestört bin – zum Auftanken. Jemand läuft an der Tür vorbei und hustet. Hat der gerade wegen mir gehustet? Der Nächste hustet wieder und der Übernächste auch. Bin ich es, der die Soldaten husten lässt? Panik!

Husten

Nach meiner Rückkehr aus Holland war ich nicht mehr der Gleiche wie vorher. Meine Persönlichkeit war zerbrochen und gespalten worden. Zum einen konnte ich nicht mehr kiffen, ohne einen Horrortrip zu haben, zum anderen war das bei mir vorherrschende Grundgefühl einfach nur Angst, immer nur Angst. Angst vor finsteren Mächten und Angst vor Menschen. Nach diesem unglaublich harten Trip brauchte ich einige Zeit, um wieder etwas stabil zu werden. Ich erholte mich zwar dann wieder ein wenig, aber ich wollte das Kiffen auch nicht sein lassen. So setzte sich die negative Abwärtsspirale fort. (Wie dumm kann man nur sein!?) Viele Freunde zogen sich von mir zurück. Manche merkten, dass etwas mit mir nicht mehr stimmte.

Meine Mutter machte sich große Sorgen. Auch sie war in die mediale, esoterische Schiene geraten, in magisches Denken usw., und sie vermittelte mir mehrmals Kontakte zu Leuten, die mir die Hand auflegten und magisch an mir arbeiteten, beteten und die bösen Geister vertreiben wollten. Sie verlangten viel Geld dafür, aber einen Nutzen gab es davon nicht. Auch Bachblüten-Tropfen und Kügelchen, die ich zum Essen einnahm, halfen nicht. Ich wurde nicht stabiler.

So arrangierte meine Mutter ein Treffen mit einer medialen Gruppe, die Reiki praktizierte und als Lichtarbeitergemeinschaft galt. Die Leute dort behaupteten außerdem, dass sie mit Außerirdischen in Kontakt stehen würden. Sie hätten Kontakt mit den „Santinern", einer außerirdischen Rasse, die irgendwo in unserer Milchstraße wohnen würde. Alles was sie sagten, klang plausibel und logisch. Die Leute machten einen freundlichen Eindruck und wirkten wirkten wie gereifte Lichtarbeiter. Aufgrund meiner eigenen positiven Einstellung zu Lichtmächten dachte ich, dass jemand, der Kontakt zu Außerirdischen hat und die Naturkräfte beherrscht, sich sicherlich als hilfreich erweisen würde. Auch meine Mutter hoffte, dass diese Leute mir helfen würden. Aber sie konnte es nicht wirklich.

Der Ort, an dem sie sich aufhielten, war ein alter Bauernhof, der ausgebaut worden war. Ich besuchte eine Schulung zur Esoterik und Lichtarbeit, die dort angeboten wurde, und hatte bald darauf einen persönlichen Termin bei einer Frau dieser Gruppe. Ich wusste damals nicht, dass sie Reiki anwandte, sondern glaubte, dass mir hier irgendwie geholfen werden könnte. Bei der Reiki-Sitzung hatte ich das Gefühl, dass mich Gottes Liebe in Jesus Christus durchströmte und für einen Augenblick, so schien es, fühlte ich mich vollkommen gelöst und frei. Doch dieses Gefühl hielt nicht lange an. Die Angst kam zurück.

Eines Abends, als ich zuhause in meinem Zimmer lag, verspürte ich das Bedürfnis zu beten. Ich redete mit Gott und klagte ihm mein ganzes Leid. Ich sagte zu ihm, obwohl ich ihn nicht kannte, dass es unfair wäre, was in meinem Leben alles passieren würde. Als ich so betete, kam mir der Gedanke einmal die Bibel aufzuschlagen. Ich hatte noch eine Bibel, die wir in der Schule erworben hatten. Sie stand in meinem Bücherregal. Ich holte sie heraus und schlug willkürlich eine Seite auf. Dort standen wohlwollende Worte. Es war eine Verheißung auf eine bessere Zeit. Die Worte trösteten mich. Ich fühlte, dass es doch noch etwas Gutes gab und dass ich noch eine Zukunft haben könnte. Leider war dies das einzige Mal, dass ich in dieser Zeit die Bibel gelesen habe. Vielleicht wäre dann alles ganz anders gekommen. Denn das, was folgen sollte, würde mich noch einen tieferen Weg führen.

Ein entscheidender Lebensabschnitt stand bevor. Vom Berufsleben wechselte ich zum Wehrdienst, von dem ich nicht wusste, wie er werden würde. Ich hatte mich für die Bundeswehr entschieden und nicht für den Zivildienst, der damals auch schon angeboten wurde. Dies machte ich blindlings, denn ich wusste nicht, wie es bei der Bundeswehr tatsächlich aussah. Nachdem ich meine Lehre abgeschlossen hatte und nun Geselle war, wollte ich den Wehrdienst einfach hinter mich bringen. Meine Zukunft schien mir immer noch ungewiss und ich ließ das alles einfach blauäugig auf mich zukommen. Aber ich unterschätzte die Realität. Man ist nämlich wirklich 10 Monate von der Außenwelt abgeschottet und soll zum Soldaten trainiert werden. Damit ist ein echter Soldat gemeint, nicht einer, wie man ihn aus Filmen kennt. Es ist jemand gemeint, der auf Befehl tötet und sich nicht um das eigene Leben schert. Eine solche Ausbildung wirkt einschneidend auf das Leben eines jeden. Man kann, wenn man dabei ist, nicht aussteigen und wird durch den Drill zu einer Art kleiner Kampfmaschine erzogen, die keine Fragen stellt und alles macht, was man ihr aufträgt. All das wusste ich damals nicht vorher. Wenn ich es gewusst hätte, dann hätte ich diesen Weg niemals eingeschlagen. Naiv wie ich war, glaubte ich, dass der Wehrdienst keine besondere Herausforderung wäre. Aber ich wurde eines Besseren belehrt.

Der Tag der Anmeldung war noch erträglich, aber schon am nächsten Tag wurden wir unsanft aus den Betten gerissen. Ich dachte mir nur, wo bin ich hier gelandet, als jemand im Zimmer stand und brüllte: „4. Kompanie aufsteheeen!" Am Morgen fand die Kleidungsausgabe statt. Die Kampfmontur wurde ausgegeben. Jeder erhielt Stiefel, Kampfanzug, Hemden, Unterwäsche und Hosen. Danach stand Schwimmen auf dem Programm. Wir hatten Schwimmen im örtlichen Freibad. Jeder von uns wurde gezwungen zu schwimmen und dann wurde die Zeit gestoppt. Was danach folgte, war ein Fitness-Test, wo festgestellt werden sollte, wie fit jeder war. Einige Tage ging das so. Es wurde befohlen. Wir hatten zu gehorchen. So einfach war das. Hier gefiel es mir nicht und auch andere aus unserer Stube beklagten sich. Der ganze Tag war fest durch strukturiert und man konnte sich nicht aussuchen, was man machen durfte. Man sollte einfach nur funktionieren, mehr nicht – und das mit Druck und Zwang. Wer sich weigerte bekam einen Anpfiff oder schlimmer noch: anstatt eines Heimfahrwochenendes sollte man Dienst schieben. Auch auf der Stube war man nicht alleine, sondern man war mit mindestens 4 anderen jungen Männern zusammengepfercht. Da ich aber immer einen Ort brauchte, wo ich mich nach den Anstrengungen und durch meine psychotischen, negativen Gedanken, die mich zusätzlich belasteten, regenerieren konnte und ihn nicht fand, wurde ich zunehmend verzweifelter.

Uns wurde auch spöttisch verkündet, dass ein paar Monate vor unserer Ankunft ein „Soldat", der nicht mit dem Drill fertig geworden war, Selbstmord begangen hätte. Der Ausbilder erzählte uns haargenau, wie derjenige dies gemacht hätte und sagte uns, wenn dies jemand von uns auch machen wollte, dann würde er so ein „Weichei" garantiert nicht aufhalten. Er erklärte uns auch haargenau, was wir machen müssten, um für uns selbst Munition zu stehlen und wie wir es dann anstellen müssten, dass wir gewiss tot wären.

Das wollte ich nicht. Niemand sollte merken, dass etwas mit mir nicht stimmte.

So kam es, als ich eines Tages in unserer Stube in meinem Bett lag, da hörte ich, dass draußen auf dem Gang reger Betrieb war und Leute hin und her gingen. Da ich keinen ruhigen Ort hatte, um mich zurückzuziehen und um Kraft zu schöpfen, fühlte ich mich elend und ausgebrannt. Da geschah es! Einer, der vorbeiging, hustete. Der nächste, so hörte ich durch die Tür, hustete auch. Und der Dritte hustete wieder. Es musste an mir liegen. Aufgrund meiner negativen Persönlichkeit und meiner bösen Persönlichkeit, glaubte ich, dass ich Schuld sei, dass andere husteten. Im gleichen Moment setzte sich dieser Gedanke so stark in mir fest, dass ich daran glaubte, am Husten anderer schuld zu sein. Ich geriet in Panik und versuchte noch am gleichen Tag die Reiki-Meisterin telefonisch zu erreichen, doch sie konnte mir keine befriedigende Antwort geben. Zu meinem Entsetzen stellte ich fest, dass die jungen Soldaten um mich tatsächlich alle husteten, wenn sie in meiner Nähe waren. Und ich war schuld daran.

Der nächste Morgen war die Hölle. Wir mussten alle zum Morgenappell antreten und standen in Reihe und Glied. Jedes Mal hustete jemand in meiner Umgebung. Ich bekam es mit der Angst zu tun. Wenn jemand herausfinden würde, dass ich daran Schuld war, was würden die Leute mit mir tun? Ich konnte nichts anderes tun, als mich ruhig verhalten und so tun, als wäre ich nicht schuld daran. So machte ich es dann all die folgenden Monate. Immer wenn jemand hustete, zuckte ich zwar innerlich zusammen, aber ich versuchte, mir nichts anmerken zu lassen. Ich wartete schon auf den nächsten Huster. Mit der Zeit wurde ich wie besessen davon. Ich driftete von der Realität immer weiter ab und wenn jemand hustete, fühlte ich mich umso schuldiger. Ein Kreislauf hatte begonnen, aus dem ich nicht mehr aussteigen konnte. Niemand kann sich vorstellen, was ich in diesen 10 Monaten durchgemacht habe! Das war eine akute Psychose!

Es folgten extreme Monate, wo ich laufend an meine körperlichen und psychischen Grenzen kam. Wir standen am Morgen auf. Dann traten wir in Reihe und Glied an. Schon beim Frühstück machte ich mir Gedanken, wer wieder wegen mir husten würde – und es hustete immer jemand, obwohl es Sommer war. Danach folgten Übungen wie „durch das Gelände robben", „Ausflüge in der Rotte", „Übungen mit dem Gewehr", „viele Liegestützen" und „körperliche Betätigungen in voller Kampfmontur bei 35 Grad im Schatten". Dann folgte das Mittagessen, wieder eine Zeit mit besonders viel Angst, danach wieder Übungen.

Für all diese Dinge war ich nicht frei, in meinem Hinterkopf lief ein anderes Programm. Wir waren in Wiesen, auf Feldern und in Wäldern unterwegs. Wir machten ein Sommerbiwak und führten Wanderungen durch. Wir joggten, robbten, schossen und rannten. Am Abend gingen wir aus der Stube zusammen weg, um uns zu betrinken. Die Feiern am Abend waren ausgelassen und so manches Mädchen in den Kneipen ließ sich mit einem Soldaten ein. Ein Alkoholrausch war jeden Abend bei uns eigentlich vorprogrammiert. Am nächsten Morgen standen wir darum mit Kopfschmerzen auf und kämpften uns durch den Tag. Eigentlich hätte es eine anstrengende aber auch schöne Zeit sein können. Während all dieser Zeit war ich jedoch nur darauf fixiert, ob jemand wegen mir hustete. Denn ich war so ein schlechter Mensch, dass die anderen mich nur ausspucken konnten. Ich baute mein Gewehr zusammen, auseinander und wieder zusammen. Aber ich dachte nur an das eine.

Einschub: Körperliche, geistige und seelische Grenzüberschreitungen können Schizophrenie auslösen.

Am Morgen wird ein Eimer durch den Gang geworfen und jemand brüllt: „Kompanie, aufsteeehhnnn!!!" Man war am Vorabend mit den Kameraden in der Kneipe, hat zu viel Alkohol in Form von Wodka, Tequila und anderen Spirituosen gesoffen. Man hat am Morgen Kopfschmerzen, einen Kater. Dann wird man unsanft aus den Betten gerissen. Und das Schlimmste ist:

Man hat nur ein paar Minuten Zeit, bis der Morgenappell stattfindet.

Man muss sofort beim ersten Schrei des Unteroffiziers aus dem Bett und zum Waschraum hetzen, damit man Zeit zum Rasieren, Waschen und Anziehen hat.

Man rasiert sich so schnell, wie es geht. Dabei kommt es vor, dass man sich in der Eile schneidet. Dann geht es auf dem schnellsten Weg wieder zur Stube, Bett ordnungsgemäß machen, was auch einige Zeit in Anspruch nimmt, und zu Ende anziehen.

Und nun im Eilschritt auf den Hof zum Morgenappell: Antreten in Reihe und Glied. Jeder hat seinen festen Platz in der Reihe, geordnet vom Kleinsten bis zum Größten. Jeder weiß, wo er zu stehen hat. Der Unteroffizier schreit: „Guten Morgen, Kompanie!" Die Kompanie antwortet: „Guten Morgen Herr ..." Der Unteroffizier geht die Reihen entlang und überprüft Kleidung und Rasur. Wenn jemand nicht ordentlich rasiert ist, wird er wieder 'rein geschickt, damit er es in Ordnung bringen kann. Währenddessen wartet die ganze Kompanie und alle werden langsam sauer, da diese Zeit von der Frühstückszeit abgeht. Und außerdem haben alle Hunger, bei dem harten Drill jeden Tag. Als die Rasierer dann zurück kommen, geht es los. Im Gleichschritt, mit einem Lied auf den Lippen, zur Kantine. Auch hier hat man wenig Zeit. Man ist gezwungen, das Essen hinunter zu schlingen. Denn die Zeit ist knapp bemessen. Zwanzig Minuten gibt der Unteroffizier zum Frühstücken, dann müssen alle wieder in Reihe und Glied vor der Kantine stehen. Also schlingt man das Essen hinunter, trinkt hastig seinen Kaffee und macht sich schon wieder auf den Weg nach draußen.

Danach folgt keine Ruhepause. Sofort beginnt das Tagesprogramm. Man lernt zum Beispiel, sein Gewehr auseinander und wieder zusammen zu bauen, unter-

brochen von Liegestützen - aufstehen, hinwerfen –
und alles nach Stoppuhr. Man rennt um den Hof.
Oder man marschiert einfach so in der Gegend herum. Man macht mit vollem Sturmgepäck in glühender Hitze oder in eisiger Kälte, lange ausgedehnte
Wanderungen, Orientierungsmärsche oder Dauerlauf.
Sport und Schwimmen sind angesagt. Man wird gedrillt. Ständig schreit jemand. Ständig macht man etwas nicht richtig und muss dafür dann Strafliegestüt-
ze machen. Manchmal macht man etwas richtig und
wird doch dafür nicht gelobt.

Dann folgt das Mittagessen. Auch hier ist die Zeit
wieder zu knapp, um ausgiebig essen zu können. Danach das Nachmittagsprogramm.

Man ist ständig unter Strom. Ständig wird man geh-
etzt, gedrillt und angeschrien. Kaum gibt es einmal eine Pause. Alles ist streng strukturiert und bis ins
kleinste Detail geplant.

Am Abend dann kommt der langersehnte Satz:
„Kommmpannieee, Dienstschluss!" Erschöpft geht
man auf die Stube. Man spricht sich mit den Kameraden ab, in welche Kneipe man am Abend gehen will.
Und abends nach dem Abendessen geht es dann mit
zwei Kameraden los. Man trinkt viel Alkohol. Zuviel!
Man ist betrunken und kommt gerade noch rechtzeitig
vor dem Zapfenstreich in die Kaserne. Wer nicht
rechtzeitig in der Kaserne ist, muss damit rechnen,
zur Strafe ein Wochenende in der Kaserne zu verbringen, wo sonst eine Heimfahrt möglich gewesen wäre.

Das ist die schlimmste Strafe. Man fällt nach der Sauftour dann traurig und betrunken ins Bett und am nächsten Tag geht die ganze Geschichte wieder von vorne los. Normalerweise ist es eigentlich unmöglich, in so einer Umgebung nicht (!) krank zu werden. Da ich aber schon zu Beginn der Bundeswehrzeit angeknackst war, brach nun meine Psychose völlig aus.

Ich hatte als Jugendlicher viele Drogen genommen und schon früher Horrortrips unter Drogeneinfluss gehabt, aber beim Wehrdienst wurde ich völlig verrückt. In mir setzte sich der Gedanke fest, dass ich andere Menschen zum Husten bringen würde. Sobald jemand in meiner Gegenwart hustete, war ich der Meinung, dass ich daran schuld wäre

Jemand, der eine Psychose hat, leidet unter Vorstellungen, die nicht der Realität entsprechen, die er selbst aber für real hält. Manche fühlen sich von einer nicht greifbaren Macht verfolgt. Psychotische Menschen meinen, dass sie zum Beispiel von einer Gruppe von Personen beobachtet werden, vielleicht vom Verfassungsschutz oder von der CIA. Sie sind der Meinung, dass ihr ganzes Leben analysiert und aufgezeichnet wird. Sie meinen vielleicht, dass ihr Telefon abgehört wird, oder dass sich in ihrer Wohnung Wanzen befinden. Sie sind der festen Meinung, dass eine Macht existiert, die ihnen Böses will und die sie genau observiert. Menschen mit einer Psychose kommen auf die merkwürdigsten Gedanken, die bei näherem Nachdenken keinen Sinn ergeben. Doch diese Gedanken haben sich so in ihnen festgesetzt, dass sie der festen Überzeugung sind, dass das, was sie wahrnehmen, der Realität entspricht. Egal wie der Wahnsinn aussieht, er entspricht einfach nicht der Realität.

In dem Wort Wahnsinn stecken die Worte „Wahn" und Sinn". Ein Wahnsinniger lebt in dem Wahn, dass Dinge einen ganz speziellen Sinn hätten, der ihm total real erscheint, den es aber in der Realität gar nicht gibt. Wenn man die Herkunft des Wortes „Wahnsinn" anschaut, dann ergibt sich, dass „Wahn" von 'vanus' (lat.) bzw. 'wan' (mittelhochdeutsch) = 'leer' abstammt, und das Wort „Sinn" bezeichnet ursprünglich 'Gang der Gedanken', so dass sich dann ergibt: „Wahnsinn" = leer von Sinnen (Gedanken). Der Wahnsinn beinhaltet also Vorstellungen, die nicht durch Gedanken gesteuert, gelenkt oder an der Realität geprüft werden können.

Meine Psychose war so aufgebaut: Ich hielt mich selbst für einen schrecklichen Menschen, der auf übernatürliche Weise Menschen beeinflussen könnte. Ich meinte, ich würde, allein durch meine Anwesenheit, Menschen zum Husten bringen. Und tatsächlich – in in meiner Umgebung husteten viele Leute. Ich hörte ständig nur noch das Husten von Menschen. Jede Minute hörte ich einen Huster. Meiner Meinung nach, war es unmöglich, dass so viele Menschen zur selben Zeit husten könnten. Doch es geschah. Ich weiß heute noch nicht, ob das alles Einbildung war, oder ob zu der Zeit wirklich so viele Menschen husten mussten. Es machte mir starke Probleme. Ich war nur noch darauf fixiert, wer als nächstes husten würde. Und es hustete tatsächlich immer jemand. Ein Psychiater sagte mir später einmal, dass er dieses Husten nicht hören würde, aber ich hörte es. Für mich war es Realität.

Wie es bei mir dazu kam: Ich hatte ja schon eine ungünstige, negative Vorgeschichte in meiner Kindheit und Jugend. Und als ich dann während meiner Bundeswehrzeit körperlich, geistig und seelisch total überfordert, immer wieder bis an oder sogar über meine Grenzen belastet war, brach diese Psychose bei mir aus.

Mir fehlte ein Rückzugsort, ein Ort, an dem ich mich hätte sammeln und zur Ruhe kommen können. In meinem bisherigen Leben hatte ich auf diese Weise neue Kräfte gesammelt. Schon als Kind hatte ich mich immer zurückgezogen, wenn ich Situationen nicht mehr ertragen konnte, vor meinem alkoholkranken Vater, vor dem Ärger, den es durch seinen Rausch und seine Aggressionen in der Familie gab. Das alles machte mir Angst, und deshalb zog ich mich zurück. Diese Strategie des Rückzugs wurde bestimmend für mein Leben; denn nur dadurch konnte ich neue Kräfte sammeln, um meinen Alltag mit seinen Herausforderungen zu bestehen. Da es für mich beim Wehrdienst keine Möglichkeit gab, mich zurückziehen zu können, reagierte mein Körper, meine Seele, mein Gehirn mit dem Wahnsinn. Dadurch dass der Wahn meine Innenwelt mit anderen Vorstellungen erfüllte, fand meine Seele eine Beschäftigung, womit sie der grausamen Realität, die sie nicht mehr ertragen konnte, entfloh. Diese 'Flucht' in den Wahn half mir, nicht vollständig zugrunde zu gehen. Doch der Wahnsinn hat einen hohen Preis: Angst, Panik und innere Unruhe. Dies alles sind die Konsequenzen, wenn der innere Schmerz, den eine unerträgliche Situation auslöst, zur Flucht in den Wahnsinn führt. Dieser Wunsch, die innere Traurigkeit, Angst und Ohnmacht nicht mehr zu fühlen, treibt einen immer weiter in die unnatürliche, wahnhafte Welt. Manche kommen nie mehr zurück, die auf einen solchen Abweg geraten sind.

Die zwei Monate Grundausbildung mit dem Drill, was mich an die Grenzen meiner körperlichen und geistig-seelischen Leistungsfähigkeit brachte, gingen vorbei. *(Ein Arzt wunderte sich später darüber, wie ich das durchgehalten habe.)* Was dann folgte, war der Aufenthalt in der Stammeinheit.

In meiner Stammeinheit, bei den Fernmeldern, nannten mich alle „Agent". Denn ich las mehr und mehr Ufo-Literatur, um mich abzulenken, und gab das Gelesene zur Belustigung meiner Kameraden weiter. Die Freunde, Vorgesetzte und Mitsoldaten, nahmen das mit Humor. Wir hatten nicht wirklich viel zu tun. Mit vielen Soldaten hatte ich eine freundschaftliche Beziehung, aber das Husten war immer eine Bedrohung für mich, die im Hintergrund lauerte. Es ließ mich verzweifeln. Wieso löste ich Husten bei anderen Leuten aus? Und ich konnte wirklich sehen, dass alle Leute, die mit mir zu tun hatten, tatsächlich in meiner Nähe husten mussten. Meine Verzweiflung wurde immer größer. Es war real! Würde das nie vorbeigehen? Nein, etwas musste damals in Holland geschehen sein. Dieser Magier hatte mir etwas angehängt. Aber es war nichts Greifbares. Ich verhielt mich zwar still, aber innerlich war ich voller Verzweiflung, Panik und Schuldgefühlen.

Es hatte über neun Monate gedauert. Ich war jeden Tag, jede Stunde, jede Minute, jede Sekunde unter enormer psychischer Anspannung gewesen. Eines Tages las ich ein Buch von Stephen King, in dem er eine Hypnosesitzung beschrieb. Ich wusste, dass damals auf dem Festival etwas in dieser Art geschehen war und meinte, dass dies, die Erfahrung bei der Hypnoseshow, vielleicht der Grund für meinen Zustand sei. Vielleicht hatte dieser Magier mich in böswilliger Art und Weise verflucht. Ich ging also zu einem Arzt am Truppenstandort – es war bereits gegen Ende der zehn Monate Wehrpflicht - und beschrieb meinen Zustand. Er stellte sofort eine Psychose fest und ließ mich in das Bundeswehrkrankenhaus in Ulm einweisen. Hier machte man verschiedene psychologische Tests mit mir, es wurde eine Psychose diagnostiziert, und ich wurde mit der Empfehlung entlassen, mir nach der Bundeswehrzeit eine Therapiemöglichkeit zu suchen.

Ein Arzt in dem Bundeswehrkrankenhaus sagte zu mir, dass ich viel Schmerz in mir hätte und dass ich diesen Schmerz einfach ab-weinen sollte. Doch es sollte noch Jahre dauern, bis ich wieder weinen konnte.

Andererseits gab es während der ganzen Zeit vor dem Klinikaufenthalt auch Lichtblicke in der Stammeinheit, wenn ich nicht an das Husten dachte.

In der Stammeinheit ging alles viel lockerer zu als in der Ausbildungskaserne. Hier kam ich tatsächlich etwas zur Ruhe, obwohl das Husten tatsächlich immer noch präsent war. Trotzdem gab es hier ruhige Tage. Wir Fernmelder hatten die Aufgabe, die Stromversorgung zwischen den einzelnen Komponenten des Patriot Abwehrsystems aufzubauen und zu garantieren. Die meiste Zeit saßen wir Wehrpflichtigen im Büro und spielten Schach oder Schafkopf. Zwischen den Manövern und den Einsätzen lagen viele ruhige Tage, wo man einfach nur Radio hörte und Gesellschaftsspiele spielte. Auch unsere Vorgesetzten waren uns wohlgesonnen und verlangten nicht, dass wir uns die Beine ausrissen. Bei dem wöchentlichen Mannschaftssport mogelten nicht nur wir Rekruten sondern auch unsere Vorgesetzten. Eigentlich war es Pflicht, an jedem Sporttag, eine Kasernenrunde zu laufen, d.h. eine Runde um die ganze Kaserne joggen. Wir schummelten aber immer, indem wir eine Abkürzung nahmen. Das fiel niemandem auf, und das wollte auch niemand bemerken. Auch unsere Vorgesetzten schrien uns nicht an und behandelten uns als Menschen; sie respektierten uns, wir respektierten sie umso mehr.

Am Abend gingen wir dann in die Kantine und aßen ausgiebig. Die Kantine hatte einen guten Ruf, und das Essen war super.

Auch mit den Kameraden kam ich gut aus. Auf meiner Stube war ein Soldat, den ich schon von der

Grundausbildung kannte. Er schlief die meisten Tage zuhause, so dass er nur zu bestimmten Anlässen in der Stube übernachtete. So hatte ich die meiste Zeit die Stube für mich. Dementsprechend unaufgeräumt war es dann oft auch, aber niemand blies mir deswegen den Marsch.

Nachdem ich meine Stereoanlage mitgebracht hatte, fühlte ich mich fast zuhause. Hier lief meine Musik. Ich hatte auch gute Kontakte zu anderen Stuben, wo oft reichlich Bierdosen und Pornofotos zu finden waren. In einer dieser Stuben war auch ein Soldat, der mit mir bei der Grundausbildung gewesen war und wir spielten des öfteren Schafkopf. Dieses Spiel habe ich bei der Bundeswehr gelernt. Natürlich musste ich viel Lehrgeld bezahlen, da ich dummerweise oft verlor, aber ich wurde immer besser darin.

Am Abend fuhr ich in die Stadt und kaufte ein, was ich so brauchte. Vor der Kaserne gab es auch einen Imbisswagen, wo man Pizzas bekommen konnte. Hier war ich auch Stammkunde.

Ich schaffte es sogar meine Ex-Freundin einmal mit in die Kaserne zu nehmen und ihr alles zu zeigen und zu erklären. Das war ein schöner Tag für uns beide, auch wenn wir nicht mehr zusammen waren.

Nach dem zweiwöchigen Krankenhausaufenthalt gegen Ende des Wehrdienstes machte ich mich dazu bereit, wieder in die „normale" Welt zurückzukehren.

Auf der Suche nach Gott

Gott?

„Außer Christus Gott zu suchen – das wäre der Teufel." Martin Luther

Schwarmgeist

Allgemeine Bedeutung:

a)Anhänger einer von der offiziellen Reformationsbewegung abweichenden Strömung
b)Fantast

Synonyme:

Schwärmer, Schwärmerin, Träumer, Träumerin

Geistliche Bedeutung:

Schwarmgeister, Truggeister oder fanatische Geister unterschieden sich von anderen Geistern dadurch, dass sie glauben und behaupten, sie seien der Heilige Geist, und was sie sagen sei göttlich. Sie flößen ihren Verehrern Schändlichkeiten ein, fügen dem Menschen aber keinen Schaden zu, solange er ihnen göttliche Verehrung erweist.

Kapitel 6

Besuch von Gott?

Rückblende 11 – Von Marilyn Manson zu Bayern 1

Christina zeigte sich sichtlich entsetzt, als sie in mein Auto einstieg. Schon seit Wochen nahm ich sie jeden Tag mit zur Arbeit. Sie wartete an der Straße, bis ich sie zu unserer gemeinsamen Arbeitsstelle mitnehmen würde. Die letzten Monate, in denen ich sie mitgenommen hatte, war im CD Player immer „Marilyn Manson" oder „Wumpscut" gelaufen, Jetzt lief zu ihrem Erstaunen Bayern 1. Ein Sender auf dem nur alte Schlager gespielt wurden. „Was ist denn mit dir passiert?", fragte sie. Sie konnte sich einfach nicht vorstellen, wie jemand so eine Kehrtwende in seinem Musikgeschmack machen konnte wie ich. Sie wusste nicht, dass ich sämtliche Platten und CD´s in den Müll geworfen hatte. Sie wusste außerdem nicht, dass ich von nun an für Gott leben wollte und auch das Rauchen und Trinken aufgegeben hatte. „Ich will jetzt für Gott leben und ihm gefallen.", sagte ich und lächelte über ihr verdutztes Gesicht.

Rückblende 12 – „Den Herrgott mit dem Herzen gesehen"

Schweigend saß ich im Büro meines Chefs. Er war aufgewühlt und erstaunt. Ich hatte ihm gerade die ganze Geschichte erzählt. Gott war mir in meinem Zimmer begegnet. Gestern Abend hatte ich Gott mit meinem Herzen gesehen. Er hatte zu mir gesagt, dass er mich lieben würde und ich sein Sohn sei. „Das ist ja unglaublich...", murmelte mein Chef. „Weißt du,", fuhr er fort, „ich bin auch gläubig. Willst du vielleicht einmal mit einem Pater, den ich kenne, darüber reden?" „Ja!" sagte ich. Ich war innerlich so voller Kraft und Energie, dass ich jedem davon erzählen wollte, der sich für Gott interessiert. Mein Chef schrieb mir eine Adresse und Telefonnummer auf. Ich sollte mich mit einem katholischen Pater treffen. Er war nur eine Person von vielen, denen ich in den nächsten Jahren von meinem Erlebnis berichten würde.

Besuch von Gott?

Inzwischen arbeitete ich in einer Firma, die Kabelbäume für Fahrzeuge aller Art und sonstige Maschinen herstellte. Am Anfang fiel mir die Arbeit dort schwer, aber ich hatte mich nach einiger Zeit einigermaßen gut eingearbeitet. Jeden Morgen, wenn ich mit dem Auto zur Arbeit fuhr, lief im CD Player harte und düstere Musik. Diese ging von „Marilyn Manson" bis zu

„Ministry" und zahlreichen anderen Gothic- und Blackmetalbands. Auch zuhause hörte ich diese Musik. Die Poster in meinem Zimmer hatten sich ebenso verändert. An der Türe hing ein irre-grinsender Jack Nicholson, aus dem Film „Shining" und andere düstere Poster. Am Wochenende ging ich gerne in eine Disko, die „LaGrange" hieß. Dort wurden regelmäßig Gothic-Partys veranstaltet. Obwohl ich mich selbst nicht so kleidete wie die meisten Besucher dort, gefiel mir die düster-melancholische und industrielle Atmosphäre. Die Dunkelheit zog mich magisch an. Die Ufo-Literatur war ein wenig in den Hintergrund gerückt, aber ich beschäftigte mich noch mit esoterischen Gedanken und Magie.

Mein Mutter war in Kontakt zu einer Frau gekommen, die behauptete, an Gott zu glauben. Die „christlichen" Traktate, die meine Mutter von ihr bekommen hatte, hatte ich gelesen und im Hinterkopf abgespeichert. Doch ich wusste immer noch nicht, wie ich zu Gott hätte Kontakt aufnehmen können, und daher interessierte ich mich nicht weiter für ihn.

Ich ging noch immer zu Prostituierten, meist nach Ulm, oder manchmal mit einer Gruppe von Freunden nach Frankfurt. Außerdem praktizierte ich immer noch das Swingen, das zu dieser Zeit massiv zunahm. Dadurch, dass ich diese Dinge tat, lebte ich ein Leben voller sexueller Ausschweifungen und massiver Zügellosigkeit. In meinem Kopf war komplett ausgeblendet, dass Gott eine solche Lebensweise nicht gutheißt, und ich machte mir keine großen Gedanken deswegen. Ich suchte zwar immer nach einer neuen Freundin, aber es klappte nie. Meine Minderwertigkeitskomplexe waren einfach zu groß und ich wollte nicht noch einmal so enttäuscht werden wie bei meiner ersten Beziehung. Bezahlter, zu nichts verpflichtender Sex war das Einzige, was für mich noch in Frage käme, so dachte ich. *(Doch Sünde zahlt sich niemals aus.)*

Die Psychose wurde durch die Medikamente gedämpft, aber sie ging nie richtig weg, denn ich nahm meine Medikamente nur sporadisch und nicht regelmäßig, sehr zum Bedauern meiner Mutter. Meine Mutter musste damals viel mitmachen, viel Leid und Sorgen wegen mir. Leider war ich so egoistisch, dass ich nur an mich und nicht an meine Eltern dachte. Ich war viel zu sehr auf mich bedacht und ignorierte wie viel Leid in meiner Familie wegen mir herrschte. Das tut mir heute sehr leid!

In dieser Zeit hatte ich mir auch einen Bart wachsen lassen. Es sollte mich männlicher machen. Manchmal färbte ich mir auch die Haare schwarz oder auch hellblond. Eines Abends war ich auf dem Weg zur Videothek, um geliehene Filme wieder abzugeben. Auf dem Parkplatz traf ich einen Freund von früher, der damals die katholische Landjugendgruppe, die wir als Kinder besucht hatten, sporadisch, neben anderen, geleitet hatte. Er hatte sich damals auch gerade einen Bart wachsen lassen, was zu der Zeit nicht so modern war wie heute, und deswegen eher selten getragen wurde. Da ich esoterisch und zeichendeuterisch veranlagt war, wunderte es mich, dass er zur selben Zeit wie ich einen Bart trug. Waren wir vielleicht seelisch verwandt? War der Bart ein Zeichen für etwas? Als wir uns auf dem Parkplatz begegneten, sagte er, als hätte er meine Gedanken gelesen:

„Das ist ja merkwürdig, dass wir uns zur selben Zeit einen Bart haben wachsen lassen. Ich habe in der letzten Zeit viel erlebt. Komm doch mal bei mir vorbei, ich habe Dir einige interessante Sachen zu berichten."

Ich stimmte zu und sagte, dass ich mal vorbei kommen würde. Irgendetwas machte mich neugierig darauf, auch die geheimnisvolle Art, die ihn zu umgeben schien.

Als ich ihn dann eines Tages besuchte, erzählte er mir, was er erlebt hatte:

Er hatte vor einiger Zeit beschlossen Urlaub zu machen und hatte einen Flug nach Florida gebucht. Er buchte jedoch nur den Flug und wollte sich dann in Florida eine Unterkunft suchen. Er wusste also nicht, was auf ihn zukommen würde. Auf dem Flug wurde er von dem Mann, der neben ihm saß, angesprochen. Dieser erzählte ihm, dass er Missionar sei, und dass Gott ihm den Auftrag gegeben hätte, Menschen zu Gott zu führen.

Sie unterhielten sich den ganzen Flug und mein Freund war fasziniert von diesem Mann und von seiner Botschaft. Das konnte kein Zufall sein. Sie blieben fast den ganzen Urlaub zusammen und der Missionar predigte meinem Freund. Er meinte, viele Wunder erlebt zu haben, übernatürliche Fügungen oder Zufälle, die er auf eine Führung Gottes zurückführte. Er glaubte, dass die Zufälle, die sich ereignet hatten, keine Zufälle gewesen wären. So erlebte mein Freund viele Zeichen und Wunder und auch übernatürliche Stimmen in seinem Kopf, die er als das Reden des Heiligen Geistes deutete. Er hatte sich auch eine Bibel besorgt und viele Fügungen schienen sich durch Bibel-Aufschlagen zu bestätigen, indem er nämlich die Bibel ohne Plan an irgendeiner Stelle aufschlug und dann meinte, dass der herausgepickte Vers zu seiner aktuellen Situation passen würde. Er nannte das „Bekehrung", denn er meinte, dass Gott zu ihm reden würde und ihn erwählt hätte, um ein neues Leben anzufangen. Er nahm sich auch die Ohrringe ab, verzichtete auf Alkohol und hörte dann später auch das Rauchen auf. Das nahm er als begleitende Zeichen seiner, wie er meinte, „Bekehrung" wahr. Er erzählte mir auch, dass Gott durch die Zeichen und Wunder und das „Aufschlagen" der Bibel zu ihm reden würde und dass Gott lebendig sei. In seinem Haus würde der ERF (Evangliumsrundfunk) im Radio laufen und er würde keine aggressive Musik mehr hören. Er hatte auch geheiratet, wie er berichtete, und würde nicht mehr am Wochenende mit Frauen flirten und sie mit nach Hause nehmen, wie er es früher immer getan hatte. Sein ganzes Leben hätte sich von Grund auf geändert. Und das konnte man sehen.

Ich war fasziniert von dieser Geschichte. Dann gab es also doch einen Gott, so wie er in den Traktaten, die meine Mutter bekommen hatte, beschrieben worden war. Diesen Gott wollte ich kennenlernen und auch solche Zeichen und Wunder erleben. Ich wollte, dass dieser Gott mich auch annehmen sollte und auch zu einem Jünger, wie es mein Freund war, machen sollte.

In den folgenden Wochen verbrachte ich immer mehr Zeit mit meinem Freund und er predigte über das, was er alles erlebt hatte. Er predigte auch anderen Menschen von seinem Leben, aber eher vorsichtig. Ich begann dann auch die Bibel zu lesen und sie „aufzuschlagen", um, wie bei einem Horoskop, Worte zu meiner aktuellen Lebenslage zu finden. Wenn ich dann wieder bei ihm zu Besuch oder mit ihm unterwegs war, ereigneten sich auch übernatürliche Fügungen und Zeichen. Ich sah dies auch als Reden Gottes an.

So saßen wir eines Tages zusammen und ich erzählte ihm, dass ich schon seit einiger Zeit eine Stimme in meinem Inneren hören würde. Ich wäre mir nicht sicher, ob das Gottes Stimme wäre oder nicht, berichtete ich ihm. Er hörte mir zu und nahm ein Buch, das auf dem Tisch lag, und schlug willkürlich an irgendeiner Stelle auf. (Es war das Buch „Die Nachfolge Christi" von Thomas Kempen, einem mittelalterlichen Mönch und Mystiker.) Er begann die aufgeschlagene Stelle zu lesen und sie handelte von einer inneren Stimme, auf die man hören sollte, so war dort geschrieben. Diese Stimme würde direkt von Gott kommen. Ich war verblüfft. Wie konnte das sein? Hatte gerade Gott durch meinen Freund zu mir geredet. Ich glaubte dies, denn es konnte kein Zufall sein, dass er diese Stelle einfach so zufällig aufgeschlagen hatte. Das musste eine übernatürliche Fügung sein. Wir hatten uns doch gerade über dieses Thema unterhalten. Wenn Gott so zu mir redete, dann würde er mir vielleicht genauso wie meinem Bekannten eine Bekehrung schenken.

In der Folgezeit suchte ich verstärkt nach Gott. Ich wusste immer noch nicht, wie ich Gott gefallen könnte, damit er mich auch so annahm wie meinen Bekannten. So las ich verstärkt evangelistische Literatur und sah die Zeichen und Wunder, die sich bei meinem Freund ereigneten und praktizierte das Bibelstechen.

(Beim Bibelstechen wird die Bibel willkürlich aufgeschlagen und der Finger auf die durch Zufall aufgeschlagene Seite gelegt. Der Satz, auf den der Finger gelegt wurde, wird gelesen und man deutet ihn als Aussage Gottes zu einer aktuellen Situation. Es ist Wahrsagerei in christlichem Gewand.)

In letzter Zeit nahm ich auch an Veranstaltungen teil, die sich mit katholischen Heiligen wie Pater Pio oder Maria befassten, und nach langer Zeit besuchte ich wieder katholische Gottesdienste. Unter den Menschenmassen hatte ich jedoch immer wieder psychotische Schübe. Dieses Problem ging einfach nicht weg. Ich merkte auch verstärkt seelische Regungen in mir, die zwischen Ekstase und Verzweiflung pendelten. Würde Gott mich jemals annehmen? War ich gut genug für Gott? Ich wollte auch so wie mein Bekannter werden und ich wollte gewiss nicht in die Hölle kommen.

Eines Tages war es dann soweit: Ich war gerade beim Arbeiten in der Firma. Es war am Vormittag, als ich plötzlich einen inneren Impuls vernahm. In mir, in meinem Inneren, bildeten sich die Worte: „Gepriesen sei der Herr!" Der Impuls drängte mich förmlich, diese Worte auszusprechen. Aber ich wollte nicht, denn ich wollte natürlich nicht, dass die Arbeitskollegen mich für verrückt hielten. Der Impuls ging dann auch wieder automatisch weg und ich bekam Worte der Anklage in meinen Gedanken. In meinem Kopf redete eine Stimme, die mich anklagte, ich hätte mich wegen Gott geschämt und daher diese Wort nicht ausgesprochen. Wenn ich mich wegen Gott schämen würde, dann wäre ich es nicht wert, dass Gott mich liebte. Denn wer sich für Gott schämt, den würde Gott nicht annehmen. Sofort machte sich in mir eine Verzweiflung breit. Gott würde mich verwerfen, weil ich zu feige gewesen war, ihn zu bekennen. Ich hatte die Gelegenheit, die Gott mir angeboten hatte, verpasst.

Ab diesem Zeitpunkt stürzte ich in eine innere Verzweiflung. Gott würde mich nie annehmen. Ich arbeitete, so gut ich mich noch konzentrieren konnte, weiter und der Feierabend kam. Zuhause fuhren meine Gedanken Karussell. Ich hatte Angst. Würde Gott mich für immer verwerfen? Was hätte Gott bewirkt, wenn ich diese Worte ausgesprochen hätte? Hatte ich die Tür endgültig zugestoßen. Die ganze darauffolgende Nacht lag ich wach im Bett. Ich wälzte mich hin und her und fand einfach keine Ruhe. Ich musste etwas tun, um Gott gnädig zu stimmen. Aber was? Ich schlug die Bibel auf und fand die Stelle, in der Hiob

Buße in Sack und Asche tat, indem er sich Asche auf das Haupt streute. Und ich fand die Stelle wo Paulus sein Haupt wegen eines Gelübdes scheren ließ.

(Später verstand ich, was Paulus wirklich tat. Aber zu diesem Zeitpunkt verstand ich das noch nicht und deutete es falsch.)

Sofort kam mir eine Lösung: Ich musste mich vor Gott demütigen. Dies wollte ich tun, indem ich mir die Haare abrasierte und auf mein Gesicht Asche streute. So würde ich dann zur Arbeitsstelle fahren, um mich dafür zu demütigen, weil ich dem Impuls nicht gefolgt war. So machte ich es dann auch. Ich sagte zu meiner Mutter am nächsten Morgen, dass sie mir die Haare und die Augenbrauen abrasieren solle. Sie tat das dann auf viel Zureden meinerseits. Danach ging ich zum heimischen Holzofen und streute mir Holzasche auf den kahlen Kopf. So fuhr ich zur Arbeit.

Schon auf dem Weg zur Arbeit bekam ich ein mulmiges Gefühl. Manche Autofahrer sahen mich an und schienen zu staunen, wie ich aussah. Beim Arbeitsplatz angekommen, war der Meister, als er mich sah, natürlicherweise total entsetzt. Er sagte zu mir: „Was sollen denn die Kunden denken, wenn hier jemand mit Glatze und Asche auf dem Kopf arbeitet." Ich sagte ihm, das es nur für einen Tag wäre; ich sagte auch, dass ich mich gestern für Gott geschämt hätte und dass Gott sich heute für mich schämen solle. Widerwillig stimmte er zu. Nicht nur das, auch einige Arbeitskollegen begannen über mich zu spotten. Sie zeigten mit dem Finger auf mich und lachten mich aus. Das tat mir in der Seele weh, so dass ich immer verzweifelter wurde. In meiner Verzweiflung stürmte ich aus der Firma in mein Auto und fuhr gebrochen nach Hause. Zuhause angekommen, ging ich in mein Zimmer und weinte. Meine Mutter kam nach oben in mein Zimmer und versuchte mich zu trösten, doch ich weinte immer mehr. Der ganze Schmerz von Jahren der Verzweiflung kam aus mir heraus. Dann lag ich für ein paar Stunden im Bett.

Am Abend ging ich zum Duschen ins Badezimmer. Nachdem ich mich ausgezogen hatte und unter dem warmen Wasser stand, fühlte ich mich etwas besser. Das Wasser floss warm herunter und wärmte. Doch dann geschah etwas Seltsames. Plötzlich wurde das Wasser kalt und ich erschrak. Plötzlich spürte ich neben mir eine Präsenz, die mit meiner Seele verbunden zu sein schien, wie damals bei der Reiki-Sitzung. Ich fühlte, wie diese Präsenz oder unsichtbare Person lachte. Es war wie ein wohlwollendes Lachen. So wie man ein kleines Kind, das man badet, nassspritzt. In diesem Moment dachte ich, es sei Gott.
Wie unter Trance ging ich dann in mein Zimmer und legte mich in mein Bett. Plötzlich öffnete sich mein Herz oder das, was man Seele nennt, und ich spürte, wie jemand vor mir war. Wieder war diese Person unsichtbar. Es musste Gott sein, denn plötzlich fühlte ich, wie diese Person meine Seele berührte und sagte: „Ich bin so stolz auf das, was du heute getan hast. Ich bin dein Vater, ich bin Gott und du bist mein geliebter Sohn."

Eine Welle gigantischen Glücksgefühls und Liebe durchströmten mich. Ich empfand eine ungeheure Freude und Liebe. „Gott" war also mein Vater und er liebte mich, wie er Jesus liebte. Aber Jesus kam in dieser Vision nicht vor. Ich meinte daher, ich sei wie Jesus, damit von Neuem geboren, wie die Bibel sagt, und endlich hätte ich Gott als Vater. - Doch nichts hätte weiter von der Wahrheit entfernt sein können!

Kapitel 7

Auf göttlicher Mission

Rückblende 13 – Mit Gott auf Wanderung

Ich hatte mich von meinen Freunden losgerissen. Wir waren am Baggersee gewesen und ich hatte beschlossen, einfach los zu laufen. Ich hatte 10 Mark und ein Messer dabei. In den folgenden Stunden wanderte ich auf Ulm zu. Die Natur war herrlich. Der Himmel war wie gemalt. Die Bäume und die Wiesen waren ungewöhnlich bunt. Es war wie auf LSD. Ich lief und lief. Ab und zu ging ich auf die Friedhöfe und trank Wasser aus den Wasserhähnen, die zur Bewässerung benutzt wurden. Es war Hochsommer und sehr heiß. Man konnte leicht dehydrieren. Doch ich wusste, dass Gott auf meiner Wanderung mit dabei war. So blieb ich vor jedem Kreuz, welches am Wegrand stand, stehen und redete mit meinem Vater, redete mit „Gott". Als ich am nächsten Tag in Ulm ankam, fuhr ich mit dem Zug wieder nachhause. Gott hatte mich auf meiner Wanderung beschützt.

Grauen ergriff mich. Ich hatte gerade die Stelle über Judas Iskariot in der Bibel gelesen. Meinte Gott mich damit? Meinte Gott, dass ich wie Judas wäre? Würde ich Gott auch verraten wie dieser Jünger? Würde ich eines Tages verloren gehen und in die Hölle kommen? Ich würde Gott fragen. Noch einmal schlug ich die Bibel auf. „Du bist mein Sohn, heute habe ich dich gezeugt.", stand über meinem Finger. Also war ich doch nicht verloren. Was aber ist, wenn ich auf dem Weg in den Himmel doch verloren gehen würde? Was wäre, wenn ich die Sünde gegen den Heiligen Geist begehen würde? Langsam wich der Frieden von mir und unruhige Verzweiflung packte mich. Irgendetwas stimmte nicht mit mir.

Auf göttlicher Mission

Dieses euphorische Gefühl ließ auch die nächste Zeit nicht nach. Jeden Morgen, an dem ich aufstand, kam mir in den Sinn, dass Gott mein Vater wäre und mich erlöst hätte. Ich fühlte mich vollkommen sicher und frei, geborgen und geliebt. Ich war in Liebe eingehüllt, wie ich meinte. Meine Seele empfand ein Glücksgefühl nach dem anderen. Eine Euphorie nach der anderen. Dazu kam, dass ich die Natur unglaublich intensiv wahrnahm. Jeder Sonnenaufgang, jeder wolkenverhangene Himmel mit seinem Lichtspiel mit der Sonne, jeder rote Sonnenuntergang – alles war für mich - wie wenn es auf einer Leinwand mit Ölfarben gemalt worden wäre. In dieser Zeit hielt ich mich einfach oft in der Natur auf und redete mit „Gott" und bewunderte die Schöpfung, die ich in Farben und Kontrasten, mit einer unglaublichen Intensität, wahrnahm wie nie zuvor.

Es war wie früher, als ich unter Drogen gewesen war, nur dass ich jetzt keine Drogen mehr brauchte. Manchmal verbrachte ich die Zeit mit meinem Freund, der mich tiefer in die Zeichen und Wunder, die wir erlebten, hineinführte. Mein Inneres produzierte seelische Befriedigungen. Gefühle von tiefstem Frieden und Wärme durchströmten mich. So hörte ich das Rauchen auf, brach mit dem Alkohol und ging nicht mehr in Bordelle und Swingerclubs. Jede sexuelle Aktivität brach ich ab und jede andere Sünde, wie ich meinte.

In dieser Zeit verbrachte ich viele Stunden mit meinem Freund. Wir erlebten Fügungen im Alltag, die auf natürliche Weise nicht erklärbar zu sein schienen. Auch wollte ich jeden Menschen an meinem Glück teilhaben lassen und begann den Leuten zu predigen. Ich wollte, dass die anderen diesen „Gott" auch erfuhren. So entwickelte ich bald einen ungeheuren missionarischen Eifer. Jedes Gespräch, das ich führte, und jede Konversation lenkte ich so, dass man Ende auf „Gott" kommen musste. Sehr zum Leid meiner Umgebung. Denn diese verstand nicht, was ich meinte, und die meisten taten mich als Spinner ab. Doch wir, mein Freund und ich, hielten uns für auserwählt. „Gott" hatte uns auserwählt, um in unserer Gegend eine Mission durchzuführen, meinten wir. Wie dieser Missionar im Flugzeug sahen wir uns als „Gottes-Werkzeuge", die Verfolgung und Ablehnung wie die ersten Christen durchmachen mussten. Wir glaubten, wir wären absolut im Recht.

Unser ganzes erhabenes, überhebliches Auftreten und religiöses Handeln, war Anstoß für viele Menschen und die Leute begannen über ihn und mich zu reden.

(Ich weiß heute nicht mehr, wie viele Menschen ich vor den Kopf gestoßen habe, indem ich behauptete, sie müssten einfach das Rauchen und Trinken aufhören, um „Gott" gefallen zu können.)

Wir verursachten durch unsere Äußerungen viel Aufsehen, in den Ortschaften wo wir wohnten. Doch wir dachten, dass wir auf „Gottes" Seite wären und uns nichts geschehen könne. Wir waren so drauf wie auf Kokain und LSD zusammen. Mein Freund vielleicht ein kleines Bisschen weniger als ich. Ich dagegen, war nicht mehr zu bremsen. Ich ließ mich von niemandem stoppen.

Ich verschenkte Bibeln und redete pausenlos von Gott. Ob die Leute es wissen wollten oder nicht. So stieß ich viele vor den Kopf und brachte mich ins Gerede der Leute.

Jeden gutgemeinten Rat, einen Gang herunter zu schalten, blockte ich ab. Ich war Gottes Sohn und ich würde mir von niemandem in die Suppe spucken lassen.

So lag ich oft am Baggersee und las christliche Literatur von den Darmstädter Marienschwestern. Diese Literatur hatte meine Mutter von der gläubigen Frau bekommen, die ihr schon zuvor die Traktate geschenkt hatte. Wenn mich die Leute und Bekannten dort sahen, meinten sie, ich wäre in einer Sekte. Aber ich verneinte jedes Mal, denn ich wusste es besser. Sollten die Leute nur reden. „Gott" würde mich eines Tages rechtfertigen. Er würde schon zeigen, dass ich auf dem richtigen Weg wäre. Mir kam auch überhaupt nicht der Gedanke, dass ich auf einem gefährlichen Weg sein könnte; denn meine Gefühle und Erlebnisse schienen mir Recht zu geben.

(Dazu muss gesagt werden, dass ich in dieser Zeit keine Medikamente mehr einnahm. Die Anzeichen, die ich hatte, deuteten auf die positiven Erlebnisse einer Psychose hin. In dieser Zeit befand ich mich in Euphorie, doch die sollte bald in schreckliche Angstvorstellungen umschlagen. Denn die Psychose wurde durch eine mediale Belastung ausgelöst, die ich leider immer noch hatte.)

In dieser Zeit fuhr ich oft mit dem Auto durch die Gegend. Ich besuchte Flohmärkte und kaufte mir dort christliche Bücher. Bei jedem Menschen, mit dem ich bei verschiedenen Gelegenheiten ins Gespräch kam, lenkte ich das Thema auf „Gott". Auch mit der Bibel. Viele Stunden las ich in der Bibel. Aber ich benutzte sie hauptsächlich als Horoskop, das in mein Leben sprechen sollte. Und tatsächlich: Die Zeichen, die ich aus der Bibel deutete, trafen auch ein. Immer hatte ich jetzt eine kleine Taschenbibel dabei und befragte „Gott", was ich in bestimmten Situationen tun sollte.

Doch ich stieß auch immer öfter auf die Drohreden der Propheten und die Gerichtsreden Jesu (vor Jesus hatte ich immer noch Angst). Wenn ich diese las, dann kamen zunehmend Zweifel auf, ob „Gott" mich wirklich liebte und ob ich tatsächlich in den Himmel kommen würde. Ich hatte keine Gewissheit, dass „Gott" mich liebte, stattdessen begann die Angst zurückzukommen, die Angst eines Tages einen schweren Fehler zu machen und damit von „Gott" verworfen zu werden. Diese Angst kam durch schwierige Stellen in der Bibel auf, die ich falsch auslegte und auf mich bezog. Ich bedrängte „Gott" mit der Frage, ob er mich tatsächlich in den Himmel bringen würde. Einmal war ich bei meinen Großeltern zu Gast. Als ich wieder Angst bekam. Ich ging auf die Toilette und fragte „Gott": „Bin ich immer noch dein Sohn?" Dann schlug ich die Bibel willkürlich auf und las: „Du bist mein Sohn, heute habe ich dich gezeugt." (Apostelgeschichte 13,33b). Das konnte kein Zufall sein. Das Heil in Gott war mir wieder sicher.

Je mehr ich jedoch die Drohbotschaften der Propheten Jesaja, Jeremia und Hesekiel in der Bibel las, umso mehr gingen meine Glücksgefühle weg und Furcht machte sich breit. Was wäre, wenn Gott seine Meinung ändern würde. Irgendwie fand ich keinen Frieden darüber. Ich achtete hauptsächlich auf Zeichen, Wunder, Gefühle und meine innere Verfassung. Gottes Wort, in das man sich eigentlich vertiefen soll, um es zu studieren und immer besser kennen zu lernen, befragte ich nur punktuell durch Bibel-Stechen, wenn ich für eine bestimmte Situation etwas wissen wollte.

In Augenblicken, wo ich mich verdammt fühlte, glaubte ich, dass Gott mich tatsächlich eines Tages verdammen würde. Ich war nicht in der Bibel gegründet, sondern in meinen Gefühlen. Aber dies sollte ich erst viel später begreifen.

Auch die ernsten Worte Jesu machten mir Angst. Ich hatte ja keine persönliche Beziehung zu ihm; denn ich war tatsächlich der Meinung, dass ich ein Sohn Gottes neben ihm sei. Um die Ängste auszugleichen, suchte ich verstärkt nach Wundern, die mir bestätigen sollten, dass „Gott" immer noch auf meiner Seite stehen würde.

In dieser Phase arbeitete ich mit meinem Vater zusammen bei einer Baufirma. Ich hatte meine vorige Arbeitsstelle gekündigt und arbeitete in der Firma eines Freundes meines Vaters. Hier wechselte ich von einem ekstatischen Zustand zum nächsten. Sehr zum Bedauern meiner Arbeitskollegen. Ich war derart abgehoben und von mir überzeugt, dass ich die anderen herablassend behandelte. Auch redete ich ständig von „Gott", so dass es diesen armen Arbeitskollegen schon zu den Ohren heraus kam. Hier machte ich mich nicht gerade beliebt. Aber ich war fest davon überzeugt, dass „Gott" auf meiner Seite und ich ein besonders „auserwählter Mensch" wäre. Dadurch, dass mein „Glaubensbruder" (mein Freund) sich auch für etwas Besonderes hielt und wir oft zusammen waren, fingen wir an, die anderen zu verachten. Wir sahen uns schon als Apostel und Propheten Gottes.

Meine früheren Freunde distanzierten sich langsam von mir und gingen auf Abstand. Kein Wunder, denn ich wurde unausstehlich.

Eines Tages war in einer nahegelegenen Stadt, Memmingen, eine Missionsveranstaltung. Mein Freund rief mich an und sagte, ich solle auch noch dort hin kommen. Von einem Bus aus, der in der Fußgängerzone stand, wurde hier vor Ort mit Traktaten und Büchern missioniert. An den Abenden waren dann Veranstaltungen in dem örtlichen Gemeindehaus, die durch eine christliche Gemeinde der Stadt organisiert worden waren. Als wir am Abend auf eine solche Veranstaltung gingen, hatte mein Freund ein ungewöhnliches Auftreten. Er bewegte sich, als sei er ein Prophet. Nachdem er mit einem Christen der Gemeinde gesprochen hatte, sagte dieser, dass wir nicht den Geist Gottes, den Heiligen Geist, hätten, sondern einen anderen, bösen Geist. Daraufhin reagierte mein Freund mit Entrüstung. Wer konnte es wagen, ihn in Frage zu stellen? Er war doch ein besonders begnadeter Mensch. Ab diesem Zeitpunkt schimpfte mein Freund immer auf diese Gemeinde und meinte, dieser Mann wäre besonders aggressiv und böse.

(Doch dieser Mann hatte Recht. Wir standen tatsächlich unter einer Macht. Und das war nicht der Gott der Bibel.)

Mein Freund und ich glaubten diesen Christen nicht, dass mit uns etwas nicht stimmen würde. Wir meinten, dass Jesus früher genauso auf Unverständnis gestoßen wäre. Wir meinten, wie Jesus selbst, verfolgt zu werden. Und wir beharrten weiterhin darauf, Gottes Werkzeuge zu sein. Ich war ein Sohn Gottes. Ich hatte es doch erlebt. Oder nicht?

Kapitel 8

Verdammnis

Rückblende 15 – Missionsreise

Wir saßen in der Fähre. Die Fähre fuhr von Neapel nach Capri. Der Tag war wunderschön und das Meer lag friedlich vor uns. Doch ich fand keine Ruhe. In meinem Kopf kreisten die Gedanken. Ich hatte Angst. Immer wieder schlug ich die Bibel auf und wollte wissen, ob Gott mich noch mochte. Immer wieder stieß ich auf Drohungen. Warum war Gott zornig? Warum änderte er so schnell seine Meinung? Die Missionsreise war eine Tortur. Ich hätte nicht mitkommen sollen. Am liebsten wäre ich zuhause in meinem Bett.

Als die Fähre auf Capri anlegte, nahmen wir die italienischen Bibeln mit und verteilten sie an Passanten. Der Missionar verteilte sie eifrig, doch ich konnte mich nicht mehr konzentrieren.

Rückblende 16 – Im Zimmer

Unruhig lief ich durch mein Zimmer. Ich konnte nicht schlafen und fand keine Ruhe. Die innere Ruhe, die ich früher gehabt hatte, war verflogen. Vom tiefen

Frieden war nichts mehr übrig. Ich konnte nichts essen und nichts trinken. Ich ging hinunter ins Esszimmer. Meine Mutter sollte für mich beten. Vielleicht würde es dann leichter werden. Wir knieten uns nieder und beteten, doch die Unruhe wich nicht. Sie wurde immer stärker. Meine Seele brannte wie Feuer in mir und ich hatte einen Druck auf der Brust. „Gott ist nicht gut!", rief ich aus. „Das darfst du nicht sagen!", entgegnete meine Oma. Doch ich glaubte ihr nicht. Warum tat er mir das an? - Ich hatte es nicht anders verdient. Ich war ein schlechter Mensch. Niemand konnte mich lieben. Auch Gott nicht. Er würde mich bald in die Hölle werfen.

Verdammnis

Ganz spontan entschlossen wir uns eines Tages, dass wir den Missionar, der meinen Bekannten „bekehrt" hatte, besuchen würden. Er wohnte in der Mitte von Deutschland, und es waren einige Stunden Autofahrt dorthin nötig. Als wir dort angekommen waren und ich mich ihm vorgestellt hatte, gab er mir zu verstehen, dass ich „ein echter Christ geworden" sei. In der Folgezeit besuchten wir ihn öfter, und ich lernte noch mehr Praktiken, um den Willen Gottes zu erfragen. So brachte er mir das Zahlendeuten bei. Jede Zahl, so lernte ich, hätte eine bestimmte Bedeutung. Je nachdem, wie man die Zahlen erfuhr, z. B. auf Autonummern, Verkehrsschildern oder Hausnummern, wusste man, ob man auf dem richtigen Weg sei oder nicht. Er zeigte mir auch, durch welche Texte und Bibelverse „Gott" in bestimmten Situationen zu ihm geredet hätte und wie Vorhersagen, die er dadurch erfahren hätte, tatsächlich eingetroffen wären. Dadurch lernte ich noch mehr von der „christlichen" Zeichendeuterei und Wahrsagerei.

Später ging ich auch noch mit ihm auf „Missionsreise" und sah viele Zeichen und Wunder, die er tat. Die Fahrt ging jedes Mal nach Italien in eine christliche Gemeinde bei Neapel. Jede Fahrt an sich und die Gemeinschaft mit diesem charismatischen Mann war ein Abenteuer für mich. Trotzdem wurde ich psychisch nicht stabil. So manches Mal hatte ich psychotische Attacken, auf die er auch keinen Rat wusste. Obwohl er viel wusste, konnte er mir hierbei nicht helfen. Trotzdem erlebten wir viele Zeichen und Wunder. Bei ihm war das nicht so, wie bei den extremen Charismatikern, die er ablehnte. Die Zeichen und Wunder bestanden hauptsächlich aus übernatürlichen Fügungen im Alltag.

Ein Beispiel, das ich bei einem Aufenthalt bei ihm erlebte, war: Ich war gerade bei dem Missionar und übernachtete bei seinem Nachbarn, der genauso dachte wie er. Die Beiden war ein enges Team. Am Morgen, als ich aufstand, schlug ich die Bibel willkürlich auf und entdeckte eine Stelle über das Feiern des Abendmahls. Ich ging zu dem Nachbarn des Missionar, der ein fähiger Unternehmer ist, und sagte, dass ich diese Stelle gerade gelesen hatte. Er sagte: „Was für ein Zufall, ich habe mir heute und gestern immer wieder überlegt, ob wir nicht zusammen das Abendmahl feiern sollten. Das ist ein Zeichen!" War das Zufall? Wir sahen das als „göttliche" Aufforderung das Abendmahl zu feiern.

Ein anderes Wunder war: Als der Missionar auf Missionsreise nach Italien war, nahm er in Deutschland gebrauchte Möbel für eine italienische Gemeinde mit, die für diese gespendet worden waren. Zum Schluss blieb noch eine Tischtennisplatte übrig, die er eigentlich nicht mitnehmen wollte. Er nahm sie jedoch trotzdem mit, um die Möbel im Wagen durch sie zu sichern. Als er ankam und die Leute in Italien die Tischtennisplatte sahen, staunten sie und sagten: „Das ist ein Wunder, wir haben gerade für eine neue Tischtennisplatte gebetet." Auch das war eine übernatürliche Fügung.

Das sind nur zwei Beispiele. Solche Fügungen ereigneten sich im Leben des Missionars und seinem Nachbarn, dem Unternehmer, ständig. Ich staunte nicht schlecht, als sie das alles erzählten.

Von nun an ließ ich mich auch durch Zeichen, Zahlen und übernatürliche Fügungen lenken. Oft setzte ich mich am Wochenende in ein Auto und fuhr blindlings drauf los. Ich ließ mich von Autokennzeichen, Schildern, Hausnummern und vielen anderen Dingen leiten. Dabei dachte ich, ich sei auf Mission, um zu dem Ort zu kommen, den „Gott" bestimmt hätte. An diesem Ort, so dachte ich, wären die Menschen offen für mein Evangelium.

Ein Beispiel: Ich setzte mich eines Samstags ins Auto und beschloss, irgendwo hin zu fahren und mich leiten zu lassen. Ich hatte kein bestimmtes Ziel, sondern folgte nur den Zeichen. Ich kam dann tatsächlich an eine Art Jugendherberge. Bevor ich aus dem Auto stieg, schlug ich schnell die Bibel auf und fragte „Gott", ob ich am richtigen Platz sei. Den Bibeltext, den ich daraufhin las, deutete ich so, dass ich hier richtig wäre. Ich stieg aus und ging einfach so in das Haus. Ich kam in einen Essraum, in dem zwei Jugendliche saßen. Einer fragte mich: „Sind sie ein Pfarrer?" Es muss wohl an meinem Vollbart und Aussehen gelegen haben, dass er mich das fragte. Sofort war dieses Zeichen für mich die Bestätigung, dass ich hier predigen sollte. So erklärte ich ihm, dass ich kein Pfarrer, sondern ein Missionar wäre, den Gott geschickt hätte, und erzählte ihm meine Geschichte und mein Evangelium. Zum Schluss, als ich festgestellt hatte, dass er mir glaubte, schenkte ich ihm eine Bibel und zog fröhlich weiter. Ich fühlte mich bestätigt. Doch danach kamen keine Zeichen mehr und ich fuhr nach Hause.

(Ich weiß heute nicht mehr, wie viele Menschen ich dadurch erreicht habe und ihnen ein falsches Evangelium brachte. Es müssen nicht wenige gewesen sein, leider!)

So praktizierte ich diese Zeichendeutereien jedes Wochenende und auch mein Freund und ich, wenn wir unterwegs waren, ließen uns so leiten. Er achtete jedoch nicht auf die Zahlen, das tat nur ich. Aber er ließ sich von der Bibel und ihren Versen leiten.

(Wir müssen viele Menschen beeinflusst und auf den falschen Weg gebracht haben. Dass dies ein falscher Weg war, wusste ich damals noch nicht, denn die Zeichen und Erfahrungen hielten wir für Bestätigungen, dass wir von „Gott" geleitet würden.)

Doch manchmal ergaben die Zeichen auch keinen Sinn. Stattdessen stieß ich in der Bibel immer wieder auf die Gerichtsandrohungen durch die Propheten für Israel. Da ich alles, was ich las, auf mich bezog, deutete ich sie so, dass ich vielleicht gerade einen Fehler gemacht hätte und dass Gott deswegen sauer auf mich sei. Auch mein Bekannter stieß, wenn er sich als ungehorsam sah, auf die Gerichtsreden und änderte sein Tun.

Im Gegensatz zu ihm, wurde ich nach und nach immer verwirrter. Einmal las ich ein Mut machendes Wort und dann wieder eine Drohung. Änderte „Gott" so schnell seine Meinung? Was, wenn ich einen groben Fehler machen würde und vom Glauben und von „Gott" abfallen würde? In mir wuchs immer mehr Angst vor Gott. Gott war für mich jemand, der in einem Moment gut von mir redete und im nächsten Moment mich vollkommen zu verwerfen schien.

Ich wusste nicht mehr, ob Gott mich nun liebte oder hasste. Er schien ständig seine Meinung zu wechseln. Mal war ich fröhlich und im nächsten Augenblick zitterte ich vor Angst. *(Das kommt bei psychotischen*

Menschen oft vor.) Ich hatte keine Heilsgewissheit und die Zeichen wurden immer bedrohlicher.

Ich konnte nichts in der Bibel über die Person des Judas lesen, denn ich meinte, eines Tages wie Judas zu werden und „Gott" zu verraten. Ich würde zum Verräter werden und sterben. Jedes Mal, wenn ich von dem Verräter Judas etwas in der Bibel las, dann meinte ich, dass „Gott" mich als Judas sehen würde. Ich konnte auch den 2. Timotheusbrief, den 2. Petrusbrief und den Judasbrief im Neuen Testament nicht lesen. Sie machten mir Angst und schnitten in mein Herz. So wuchs nach und nach eine gewaltige Angst in mir. Würde ich „Gott" immer treu bleiben oder würde er mich eines Tages verwerfen? Die Psychose, nicht Gott, hatte mich immer noch fest im Griff.

(Dies ist nur eine Wiederholung der Geschichte mit meinem Vater. Bei ihm wusste ich als Kind nicht, woran ich war. Wie dieser „Gott" an den ich glaubte, war die Stimmung meines Vaters wechselhaft. Mein Vater hatte mich auch einmal „Verräter" genannt. Diese Angst kam hier wieder nach oben. Aber das fand ich erst viel später heraus.)

Eines Tages eskalierte die Situation. Ich hatte schon des Längeren Panikattacken, weil alle Zeichen, die ich in letzter Zeit gesehen hatte, mich zu verdammen schienen. Auf einer „Missionsreise" nach Hamburg war ich so in Sorge und Angst, dass ich mit dem Auto fast nicht mehr nach Hause gekommen wäre und mich vor lauter Zeichendeuterei auch noch beinahe verfahren hätte. Auf dieser „Missionsreise" eskalierte die Situation.

Der Freund des Missionars war mit seiner Familie nach Hamburg gefahren, um dort zu „missionieren". Er lud mich ein, nach Hamburg zu kommen. Zu dieser Zeit hatte ich wenig Geld. Ich rief ihn an und fragte, ob er mir Geld borgen könne, damit ich nach Hamburg fahren könnte. Er stimmte zu und sagte, dass ich das Geld von einer christlichen Familie in seinem Heimatdorf bekommen würde. Ich sollte nur einen Abstecher dorthin machen und das Geld abholen.

Als ich losfuhr, war ich schon voll innerer Unruhe. In letzter Zeit hatte ich immer wieder negative Zeichen erhalten und hatte beunruhigende Bibeltexte gelesen. Trotzdem fuhr ich los. Als ich in der Gegend, wo er wohnte, ankam und zu der Familie kam, die mir das Geld geben sollten, wurde ich herzlich empfangen. Doch ich war voll von Unruhe und Ängsten. Sie gaben mir bereitwillig das Geld und es sollte noch über den Missionseinsatz gebetet werden. Zu der Familie gehörte auch ein junger Mann, der das Gebet sprach. Er sagte: „Herr Jesus, wenn sie auf Mission unterwegs sind, dann mach, dass sie die richtigen Leute erreichen. Bewahre sie davor, auf die Zeichen zu achten, damit sie nicht verwirrt werden und dadurch vom Ziel abkommen..."

Ich war ganz perplex. Der junge Mann hatte das erwähnt, was ich die ganze Zeit tat: Auf Zeichen achten.

Doch leider nahm ich zu dem Zeitpunkt die Warnung, die direkt von Gott kam (der wahre Gott, der Gott der Bibel, hatte durch diesen jungen Mann gesprochen) nicht an. Ich machte mich sofort auf den Weg und begann während des Autofahrens wieder, nach Zeichen Ausschau zu halten. Als ich mich unruhig fühlte, beschloss ich die Bibel aufzuschlagen, und las:

Denn Ungehorsam ist [wie] die Sünde der Wahrsagerei, und Widerspenstigkeit ist [wie] Abgötterei und Götzendienst. Weil du nun das Wort des Herrn verworfen hast, so hat er dich verworfen, daß du nicht mehr König sein sollst!
(1Sam 15,23)

Ich schluckte. Ich hatte mich nicht an das Gebet des jungen Mannes gehalten. Wie der Text sagte, hatte Gott mich verworfen. Sofort fühlte ich mich elend und geriet in Panik. Was hatte ich nur getan? Ich fühlte mich als hätte ich den „heiligen Geist" verloren. Meine inneren Angstzustände und die Unruhe nahmen zu. Ich fühlte eine wachsende Verzweiflung.

Auf dem Weg nach Hamburg musste ich eine Nacht im Auto auf einem Rastplatz übernachten. Die ganze Nacht litt ich unter Unruhe und konnte nicht schlafen, weil ich Angst vor der Strafe Gottes hatte.

Am nächsten Tag suchte und fand ich in Hamburg den Zeltplatz, wo der Missionarsfreund campierte und erzählte ihm von meiner Verzweiflung. Wir gingen in sein Zelt und unterhielten uns. Er erklärte mir, dass es vielleicht noch Dinge gab, die ich Gott noch nicht übergeben hätte, und dass diese Dinge zwischen Gott und mir stehen würden. All seine Versuche, mich davon zu überzeugen, dass alles in Ordnung wäre, schlugen fehl. Ich beschloss, nicht länger in Hamburg zu bleiben, sondern wieder nach Hause zu fahren. Doch was sollte ich zu Hause tun? Gott hatte mich endgültig verworfen. Nichts würde mehr so sein wie früher und ich würde, so meinte ich, nie wieder Freude und Erlösung spüren können.

Als ich den Rückweg antrat, hatte ich schon eine Nacht nicht richtig geschlafen und war erschöpft. Ständig schlug ich die Bibel auf, weil ich wissen wollte, ob Gott seine Meinung über mich geändert hatte. Aber die Texte die ich aufschlug, passten alle nicht zu meiner Situation.

In der Lüneburger Heide legte ich einen Stopp ein. Ich dachte daran, mich aufzuhängen und umzubringen. Ich fuhr an eine entlegene Stelle und stieg aus dem Auto. Ich kniete am Boden und schrie zum Himmel empor. Ich rief nach Gott und nach Hilfe, doch nichts geschah. Es kam weder eine Stimme von Himmel, noch ein Zeichen. In meiner Verzweiflung schlug ich die Bibel auf. Ich las:

7 Einen kleinen Augenblick habe ich dich verlassen; aber mit großer Barmherzigkeit werde ich dich sammeln. 8 In überwallendem Zorn habe ich einen Augenblick mein Angesicht vor dir verborgen; aber mit ewiger Gnade will ich mich über

dich erbarmen, spricht der Herr, dein Erlöser. 9 Und das soll mir sein wie die Wasser Noahs: denn wie ich geschworen habe, daß die Wasser Noahs nie mehr die Erde überfluten sollen, so habe ich geschworen, daß ich nie mehr über dich zornig werden noch dich schelten werde. 10 Denn die Berge mögen weichen und die Hügel wanken, aber meine Gnade wird nicht von dir weichen und mein Friedensbund nicht wanken, spricht der Herr, dein Erbarmer.
(Jes 54,7-10)

Als ich das las und zum Himmel blickte, sah ich, wie sich in zwei Wolken ein kleiner Regenbogen spiegelte. Der Regenbogen, war das Zeichen, dass Gott keine Sintflut mehr schicken würde, wie er es zur Zeit Noahs getan hatte, wie ich wusste.

[Nachdem Noah durch die Sintflut gegangen war, hatte Gott ihm anhand eines Regenbogens geschworen, dass nie wieder eine Sintflut kommen würde. Jedes Mal, wenn ein Regenbogen am Himmel wäre, dann würde Gott daran denken, nie wieder eine Sintflut zu schicken. (1. Mose 9)]

Sofort dachte ich, dass dies ein Zeichen von Gott wäre. Gott wäre jetzt vielleicht zornig auf mich, wie ich meinte, aber wenn dieser Zorn vorbei war, würde er wieder gnädig sein. Sofort war ich etwas erleichtert, aber ich konnte diese Verheißung dann doch nicht so richtig glauben. Als ich wieder ins Auto stieg und weiterfuhr, kam die Angst und die Panik wieder zurück. Nach vielen Stunden der Irrfahrt mit dem Auto kam ich total erschöpft zuhause an.

Im Haus angekommen, fing ich wieder an, nach einem guten Wort von Gott zu suchen. Ich blätterte durch die Bibel und fand nur Texte, die mich zu verdammen schienen. Ich las nichts Positives mehr. Die negativen Texte schnitten in mein Herz. Meine Mutter, die mich besorgt beobachtete, versuchte immer wieder mir Verheißungen zuzusprechen, doch sie drangen nicht mehr zu mir durch. Ich meinte, dass Gott mich verworfen hätte und ich in die Verdammnis fahren würde.

Daraufhin wurde ich stark unruhig und fand keinen seelischen Frieden mehr. Meine Gedanken kreisten und kamen nicht mehr zur Ruhe. Ich versuchte, mich ins Bett zu legen und zu schlafen, doch ich konnte nicht ruhig liegen. Ich stand wieder auf, doch umher gehen erleichterte mich auch nicht, so ging ich wieder ins Bett und wälzte mich nur noch stöhnend hin und her. Ich empfand eine tiefe Schuld. Alles was ich sah, verklagte mich. Wenn mich jemand besucht hätte, hätte ich Angst gehabt, er würde mich umbringen. Die Sonne (darum schloss ich die Fensterläden), die Natur und die ganze Schöpfung verklagten mich. Wenn ich versuchte Wasser zu trinken, war es, als wäre das Wasser unrein. Ich selbst fühlte mich unrein, wenn meine Mutter versuchte mich anzufassen. Am schlimmsten waren die Selbstvorwürfe. "Ach hätte ich doch..." "Wie konnte ich nur so dumm sein" und andere Sätze gingen mir ständig im Gewissen herum.

Ich fand keine Erleichterung, keine Auferbauung und keine Entschuldigung. Da ich wußte, dass ich schuldig war, konnte ich Gott nur hundertprozentig zustimmen, dass er mich verdammen wollte, und in Verzweiflung immer tiefer sinken. Jede Minute, die verging, versank ich noch tiefer darin.

Ich nahm keinen Tag und keine Nacht mehr war. In meiner Brust, in meiner Seele, brannte ein Feuer, das mich nicht zur Ruhe komme ließ. Fand ich einmal eine Sekunde Schlaf, weckte mich ein Alptraum. Ich sank immer tiefer und tiefer.

Ich schrie zu Gott, doch Gott schien nicht mehr zu existieren. Es schien, als wäre ich buchstäblich vom Leben abgeschnitten. Ich fand keine Erlösung mehr, keinen Trost und keine Barmherzigkeit mehr. Gott war mein Feind geworden und er kannte kein Erbarmen.

Heute weiß ich nicht mehr, wie viele Tage es gedauert hat. Es müssen ungefähr vier Tage und vier Nächte gewesen sein. Schließlich rief meine Mutter einen Arzt an, der kam und gab mir eine starke Beruhigungsspritze. Daraufhin fiel ich in einen tiefen Schlaf. Ich schlief sehr lange. Und als ich wieder erwachte, war das Höllenerlebnis vergangen.

Die Panik war nach einigen Tagen wieder vorbei und ich begann mich zu erholen.

Es hatte jedoch während der psychotischen Phase eine ungute Spannungen zwischen meinem Stiefvater und mir gegeben, weil er nicht verstehen konnte, dass mein Erregungszustand nichts mit Aufsässigkeit zu tun hatte, sondern ein psychotischer Schub gewesen war, also Ausdruck meiner psychischen Erkrankung.

Danach reifte in mir der Entschluss, von zu Hause auszuziehen.

(Im Nachhinein weiß ich, dass ich damals tatsächlich unter satanischem Einfluss war und nicht unter dem Geist Gottes. Doch dazu später mehr.)

So kam es dann, wie es kommen musste. Durch meine psychischen Schübe verlor ich meine Arbeit. Ich suchte und fand eine neue Arbeit und zog nach Memmingen. - Doch es wurde nicht besser.

Kapitel 9

Vom Land in die Stadt

Rückblende 17 – Ein schöner Sommer

Es war ein wunderschöner Sommer. George, der Asylbewerber, und ich gingen durch die Stadt. Ich hatte ihn in einer Disko kennengelernt und zeigte ihm Memmingen. Er war auf der Suche nach einer Frau. Eine Frau zum Heiraten. Denn dadurch könnte er in Deutschland bleiben, sagte er. Doch er ging etwas ungeschickt vor. Er rief jeder Frau nach und das gefiel den Frauen nicht. Er war etwas verzweifelt deswegen, aber ich musste darüber nur lachen.

George wusste noch nichts von meinen Problemen. Zur Zeit nahm ich Antidepressiva, die meinen psychischen Zustand etwas stabilisierten. (Als ich das erste Mal in der Psychiatrie gewesen war, hatte ich diese Tabletten bekommen.) So konnte ich den Sommer ein wenig genießen. Der Sommer war heiß und wir unternahmen viel zusammen. Auch die zwei anderen Freunde, die ich in Memmingen gefunden hatte, kamen oft mit. Franz ging oft durch die Stadt und verteilte Chick-Traktate. Chick-Traktate waren christliche Comics, die von Jesus erzählten. Ich glaubte zwar an Gott, aber Jesus war mir trotzdem fremd. - Denn ich war doch auch ein Sohn Gottes, meinte ich.

Ich hatte während der Arbeit wieder in der Bibel geblättert. Wieder einmal war ich auf eine Drohung gestoßen. Warum hasste Gott mich? Ich saß vor der Maschine, die ich verkabeln sollte. Ich konnte mich nicht mehr auf die Arbeit konzentrieren. Was sollte ich tun? Angst! Verzweiflung! Die Gedanken fingen wieder an zu kreisen und kamen nicht mehr zur Ruhe. Was sollen die anderen Kollegen von mir nur denken. Ich werde gehen. Ich lege die Arbeit nieder. Räume mein Werkzeug ein und gehe an die Stempeluhr. Ist mir egal, wenn ich dafür gekündigt werde. Aber ich kann einfach nicht mehr. Habe keine Ruhe im Kopf.

Als ich nach draußen trete, beschließe ich nachhause zu gehen. Den Zug werde ich nicht nehmen. Über die Wiesen will ich gehen und zu Gott rufen. „Gott, hilf mir!", schreie ich immer wieder. Doch es kommt keine Stimme von Himmel. Ich schlage wieder die Bibel auf. Doch der Text passt nicht zu meiner Situation. Gott schweigt. Ich werde in den Wald gehen und ihn suchen!

Vom Land in die Stadt

Da war ich nun. Ich war von zu Hause ausgezogen und war jetzt in Memmingen. Der Kontakt zu den alten Freunden ließ nach, und ich musste mir neue suchen.

In Memmingen angekommen, mietete ich mir bei einem älteren Ehepaar eine schöne Dachgeschosswohnung. Es war ganz neu für mich, in einer Stadt zu leben. Ich hatte eine Arbeit, verdiente gutes Geld und genoss meine neu gewonnene Freiheit. Für eine kurze Weile besserte sich mein Zustand. Am Abend ging ich oft asiatisch essen und erkundete die Stadt. Ich ging ins Kino oder lieh mir DVD´s in der Videothek aus. Unter der Oberfläche aber brodelte immer noch die Psychose. Und drang auch öfter, vor allem bei der Arbeit, wieder an die Oberfläche. Bei der Arbeit hatte ich einen freundlichen Mann kennengelernt, einen Familienvater, der sich auch sehr für Gott interessierte. Ich predigte ihm immer wieder und er schien das zu glauben, was ich ihm erzählte. Er ging auch zu einer Frau, durch die angeblich Gottes Geist reden würde, wie er mir versicherte. Er war auf der Suche nach Gott, aber wusste nicht, wohin er sich wenden sollte. So landete er bei den Adventisten.

(Leider sind die Adventisten auch eine Sekte. Sie sind vielleicht nicht ganz so gefährlich wie Scientology, aber auch die Adventisten haben außerbiblische Offenbarungsquellen, die auf gefährliche Irrwege führen.)

Das wusste ich jedoch zu diesem Zeitpunkt nicht, und so kam ich auch in Kontakt mit Adventisten, hier in Memmingen. Auch durch diese Lehren wurde ich zunehmend immer mehr verwirrt. Allerdings hat mir ein Prediger dieser Kirche, den ich sehr gut kannte, in einigen Punkten viel geholfen. Dieser Mann war ehrlich und wir zwei hatten ein gutes Verhältnis. Seine beständige, gütige Art stabilisierte meine Psyche, so dass ich wieder etwas Mut schöpfen konnte.

Das Leben in einer Kleinstadt ist anders als das Leben auf dem Land. Auf dem Land grüßt man sich, wenn man sich auf der Straße begegnet. Man grüßt auch die Leute, die man nicht kennt. In einer Stadt dagegen ist man weitgehend anonym und lebt sein Leben für sich allein. Das war zuerst einmal wohltuend. Ich hatte keinen Stress mehr mit meinen Eltern und war nun mein eigener Herr. Ich konnte kochen, wann ich wollte, konnte aufräumen, wann ich wollte, und konnte Abends heimkommen, wann ich wollte. Ich versuchte auch Abstand zu meinen psychischen Problemen zu bekommen, aber das gelang mir nicht wirklich.

Bald hatte ich auch die Kneipen in Memmingen erkundet, von denen es in dieser kleinen Stadt ungewöhnlich viele gibt. Ich saß meist in einer gut besuchten Pilsbar und surfte im Internet auf der Plattform „jesus.de". Auf jesus.de gab es ein Forum, bei dem Christen untereinander diskutierten und sich austauschten. Ich war fest entschlossen, bei der Bibel zu bleiben und zu versuchen, mein psychisches Problem mit Gottes Hilfe zu lösen. Ich wusste, dass die Bibel Gottes Wort war. Darin musste die Lösung für meine psychischen Probleme sein. Doch ich wusste nicht, wie ich es anstellen sollte, wieder psychisch stabil zu werden.

In der Stadt traf ich auch einen jungen Mann, Peter, der ähnlich drauf war wie ich. Er war genauso verwirrt wie ich. Manchmal ging er mit der Bibel durch die Stadt und las daraus vor. Manchmal stellte er sich in die Fußgängerzone und predigte. Aber er ging mir auch sehr auf die Nerven. Er redete ununterbrochen von Gott und hörte selten einmal auf zu reden. Viele Dinge, die er sagte, machten mir Angst. Trotzdem meinte ich damals, dass er ein Werkzeug Gottes sei und dass er mir vielleicht weiterhelfen könnte. Aber das Gegenteil war der Fall. Aufgrund einer Predigt von ihm, landete ich einmal in der Psychiatrie. Durch seine Worte hatte ich eine solche Angst vor Gott bekommen, dass ich Panikattacken bekam.

Peter kam aus einer Gruppe, die den extremen Charismatiker William Branham verehrte. William Branham bezeichnete sich selbst als Heiler und hatte zu seinen Lebzeiten viele Kontakte mit Geistwesen. Er hatte sich selbst als siebten Engel aus der Ofenbarung des Johannes bezeichnet. Auch nach seinem Tod hatte er noch viele Anhänger, so auch Peter und den Kreis, aus dem er kam. Peter verehrte diesen Mann und versuchte, mich auch in den Bann dieses Mannes zu ziehen. Doch zum Glück durchschaute ich schon damals, dass dieser Mann kein Mann Gottes war, sondern ein gefährlicher Irrlehrer. Ich gab Peter dann einen aufklärenden Artikel, in dem die falschen Lehren entlarvt wurden.

Peter besuchte, als ich ihn kennenlernte, zusätzlich auch eine christliche Gemeinde in Memmingen. (Es handelte sich um die gleiche Gemeinde, die den Missionsbus in der Fußgängerzone unterstützt hatte. In dieser Gemeinde hatte man auch zu meinem Bekannten gesagt, dass er nicht vom Geist Gottes geleitet würde.) Peter wurde jedoch später aufgrund seiner falschen Lehren und seiner merkwürdigen Ansichten aus dieser Gemeinde ausgeschlossen. Danach sah er sich in der Opferrolle. Wir dachten beide, dass diese Gemeinde zu gesetzlich und zu engstirnig wäre, und dass dort „echte Christen" - denn dafür hielten wir uns – keinen Platz hätten. Es war jedoch, wie sich im Nachhinein herausstellte, das genaue Gegenteil der Fall; denn wir waren damals falschen Lehren gefolgt, die so nicht in der Bibel stehen.

Peter ließ sich davon jedoch nicht beeindrucken. Er stand manchmal in der Fußgängerzone und predigte lauthals. Er meinte es zwar gut, aber er verstörte damit mehr die Passanten, als dass er ihnen die frohe Botschaft des Evangeliums nahe gebracht hätte.

Peter schloss sich etwas später einer christlichen Gruppe aus der Schweiz an. Er zog dann auch in die Schweiz und verließ Memmingen. Als ich ihn vor ein paar Jahren wieder traf, konnte ich feststellen, dass er nicht mehr so extrem unterwegs war. Die schweizerische Gruppe schien ihm wirklich gut getan und geholfen zu haben.

Ich lernte auch noch einen anderen Gläubigen, Franz, in Memmingen kennen, mit dem ich Zeit verbrachte. Aber wenn ich mit ihm zusammen war, hatte ich ständig Angst, dass Gott mich durch ihn bestrafen würde. Ich stellte mir vor, wie Gott dem Gläubigen von meinen Sünden erzählen würde. Ich stellte mir auch manchmal vor, dass Gott allen Gläubigen, die ich kannte, von meinen Sünden erzählte und dass diese mich dann mit Verachtung strafen würden. Strafe! – Diese Angst vor Strafe bestimmte mein ganzes Leben. Alles drehte sich um Gottes Gericht und Gottes Zorn. Einen liebevollen Gott kannte ich nicht.

Doch im Nachhinein war diese Angst unbegründet. Franz war von Natur aus gutmütig. Er verteilte gerne Chick-Traktate vor allem an Katholiken. Er hatte sich wie ich auch von der katholischen Kirche distanziert - war also ausgetreten. Einmal legten wir in einer Kirche die Blätter „Sind Katholiken Christen?" aus. Natürlich gab das dann hinterher in dieser Kirche Unmut und Verwirrung. Und der Pfarrer erklärte den Gemeindemitgliedern, dass diese Schriften falsch wären und sie sich nicht darum kümmern sollten. Wir freuten uns jedoch, weil wir in einer katholischen Kirche ein Zeichen gesetzt hatten.

Aber auch der Glauben von Franz stimmte nicht wirklich mit der Bibel überein. Er war ziemlich charismatisch geprägt. Und einige Bücher, die er mir gab, verwirrten mich noch mehr. Später heiratete er eine Frau, die in den USA lebte, und verließ Memmingen für immer. Das fand ich sehr schade.

Ich nahm auch einen Asylbewerber, einen Afrikaner namens George, für kurze Zeit bei mir auf. Ich tat dies jedoch nicht aus Nächstenliebe, sondern aus Angst, dass Gott mich strafen würde, wenn ich ihm nichts Gutes täte. Trotzdem verbrachten wir vier, Peter, Franz, George, der Afrikaner, und ich, auch schöne Stunden zusammen. Wir fuhren Fahrrad, gingen durch die Stadt oder in Lokale.

George war nach Deutschland gekommen, um hier Arbeit zu finden, damit er mit dem verdienten Geld seine Familie unterstützen könnte, die ihm den Flug nach Deutschland bezahlt hatte. Er war von Natur aus ein freundlicher Mensch, der viel lachte und fröhlich war. Ich mochte ihn gern. Aber manchmal wurde es mir auch zu viel, wenn ich gestresst von der Arbeit kam und er schon an der Türe auf mich wartete. Nach der Arbeit wollte ich gerne etwas Ruhe haben, um abschalten zu können, da mich die Arbeit sehr stresste.

Inzwischen war ich durch eine Zeitarbeitsfirma in einen großen Betrieb gekommen, wo ich dann auch fest angestellt wurde. In diesem Betrieb sollte ich zehn Jahre arbeiten. Hier gab man mir den Spitznamen „Jesus“, weil ich meistens über Gott redete und mich dadurch unbeliebt, aber auch lächerlich machte.

Ein Kollege dort besuchte einen christlichen Hauskreis. Er lud mich ein mitzukommen, und ich wurde herzlich willkommen geheißen. Doch seit dem Trauma in Holland hielt ich es nicht mehr in Menschengruppen aus. So sehr ich mir auch wünschte, zu diesem Hauskreis zu gehen, so sehr wurde ich auch davon abgehalten, weil ich dort regelmäßig Panikattacken bekam. Die Leute im Hauskreis beteten auch für mich, doch es half nicht. Diese Panikattacken quälten mich. Auch überkamen mich immer wieder diese Angstvorstellungen, dass Gott mich vor ihnen bloßstellen könnte, indem er meine Sünden aufdecken und allen zeigen würde, was für ein mieser Kerl ich war. - Das waren die gleichen Angstvorstellungen wie in Holland, nur zu diesem Zeitpunkt war mir das nicht bewusst.

Leider übernahmen einige in diesem Hauskreis auch von mir das Bibelstechen und Zeichendeuten. Sie waren auch offen für Zeichen und Wunder und begierig danach, da sie das schon aus den pfingstlerischen Kreisen kannten, aus denen sie stammten.

Manchmal besuchte ich sonntags mit George und Franz zusammen die Pfingstgemeinde, an die der Hauskreis ein wenig angeschlossen war. Franz war schon länger in der Gemeinde Mitglied. Auch hier hielt ich den Gottesdienst mit den Lobpreisliedern nicht durch. Immer wieder plagten mich Ängste und Panikattacken. So musste ich häufig 'raus gehen, und rauchte dann dort eine Zigarette. Als ich den Pastor der Pfingstgemeinde einmal fragte, was ich mit meinen Problemen tun sollte, sagte er, ich solle mich bekehren. Aber ich glaubte, dass ich das schon getan hätte.

Zudem musste ich umziehen, denn mir war die Wohnung gekündigt worden. Das kam so:

Es hatte alles ganz harmlos angefangen. Peter hatte mir ein christliches Traktat vorbeigebracht. Das Traktat handelte davon, dass Christus die einzige Rettung vor dem Gericht Gottes wäre. Das irritierte mich. Ich hatte zwar eine Beziehung zu dem Vater-Geist, aber eine Beziehung zu Jesus Christus hatte ich nicht. Ich war doch schon gerettet, weil Gott selbst mich als sein Kind bezeichnet hatte. Wozu brauchte ich dann noch eine Bekehrung zu Christus? Auf jeden Fall war in dem Traktat sehr viel von der Hölle die Rede, so dass meine Ängste vor der Hölle wieder hochkamen und zunahmen. Es brodelte wieder in mir. Das ging für ein paar Tage so. Ich fand keine innere Ruhe mehr. Also beschäftigte es mich unentwegt, während der Arbeit und in der Freizeit. - *(Ich war nicht bekehrt, ich hatte Jesus nicht als meinen Erlöser angenommen, ich hatte keine Sündenvergebung, deshalb konnte auch nichts in meinem Leben neu werden.)*

Die innere Unruhe nahm überhand, so dass ich an einem Freitag nach der Arbeit einfach in den Wald ging. Ich nahm nur eine Jacke mit und wollte mich von Gott leiten lassen. Zuerst ließ ich Memmingen hinter mir. Schnurstracks marschierte ich in den Wald. Ich würde einfach gehen, alles hinter mir lassen und nie mehr zurückkehren. Mein Ziel war Italien. Dann meldete sich eine innere Stimme, die mir sagte, dass Gott keine halben Sachen möge. *(Wenn ich von inneren Stimmen rede, dann handelte es sich nicht eine akustisches Stimme sondern um Gedanken.)* Ich solle doch meine Hausschlüssel wegwerfen und so Gott signalisieren, dass ich mich von nun an voll und ganz ihm auslieferte. Also nahm ich meinen Haustürschlüssel und warf ihn in den Wald. Gott sollte sehen, dass ich ihm voll und ganz vertraute. Nun suchte ich nach Wegweisung. An jeder Weggabelung schlug ich die Bibel auf und wollte wissen, welchen Weg ich gehen sollte. Natürlich kam keine Stelle, die das beantwortet hätte. Also ging ich weiter. Manchmal schrie ich vor innerer Unruhe nach Gott. Ich redete mit ihm, versuchte ihn zu beschwichtigen und wollte, dass er noch einmal so reden sollte, wie er es damals im Schlafzimmer getan hatte. Es kam keine Stimme, kein Zeichen und kein Wunder.

Nach einigen Stunden kam ich an eine Ortschaft. Ich ging auf die Ortschaft zu, und als ich in den Ort wanderte, fuhr gerade ein kleines Mädchen mit seinem Fahrrad vorbei, das mich sah und umkehrte. Sofort kam ein Gedanke in meinen Kopf: „Schau, Du bist so ein böser Mensch – dieses Mädchen hat Angst vor dir. Wahrscheinlich hast Du sie zu böse angeblickt."

Sofort wusste ich, was ich zu tun hätte. Ich dachte bei mir: Geh, such ihr Haus und entschuldige dich bei ihr, wenn du das nicht tust, wirst du keine Vergebung dafür finden. Also folgte ich ihr. Es kostete einiges an Überwindung an diesem Haus zu klingeln. Ich wusste noch soviel, dass man als Mann keine kleinen Mädchen ansprach, denn sonst glauben die Leute vielleicht, man wolle Kinder entführen oder vergewaltigen. Vielleicht würden sie ja die Polizei anrufen. Trotzdem klingelte ich und das Mädchen öffnete die Tür. Ich entschuldigte mich, dass ich angeblich so böse geschaut hatte, und das Mädchen gab nur einen kurzen Satz von sich und schloss ruhig die Tür. Ich hatte es geschafft. Sofort flutete ein Woge des Wohlgefühls durch mich. Mir war vergeben worden. Doch dieses Gefühl hielt nicht lange an. Nachdem ich aus dem Ort heraus war, suchte ich wieder nach Wegweisung und schlug die Bibel auf. Diesmal las ich wieder eine Gerichtsbotschaft. Doch diese galt jetzt plötzlich für den Ort. Ich sollte über diesen Ort ein „Wehe" ausrufen, was ich dann auch tat. So schien es „Gott" zu meinen. Ich setzte mich dann eine halbe Stunde hin und beobachtete die Stadt. Was würde geschehen? Würde Gott sie dem Erdboden gleich machen? Nichts geschah, so ging ich weiter.

Langsam setzte die Dämmerung ein, und es wurde kalt. Nach ein paar Stunden wurde es dunkel. Ich versuchte zuerst auf einer Lichtung im Wald zu schlafen, doch es war unangenehm und unbequem. So fand ich schließlich einen Jägerstand und übernachtete dort. Der Mond am Himmel war blutrot. Ich schlug die Bibel auf und las die Stelle, wo Jesus von einem blutroten Mond gesprochen hatte. Das würde geschehen, bevor er wiederkommen würde. Plötzlich wusste ich es. Heute Nacht würde Jesus kommen, wie es in dem Traktat beschrieben worden war. Gott hatte mich in den Wald gelotst und würde mich mit in sein Reich nehmen. Ich konnte jetzt nicht mehr schlafen und beobachtete den Himmel. Wann würde es so weit sein?

Das war der Grund für meine Reise. Gott würde diese Nacht alle Gläubigen in den Himmel entrücken. Ich dankte Gott für das Zeichen, dass er mir gegeben hatte.

Nach einer kalten Nacht auf dem Jägerstand war Gott nicht gekommen. Ich beschloss nach Hause zu laufen. Müde und enttäuscht. Es dauerte einen halben Tag, bis ich wieder zu Hause war. Als die Vermieter mich ins Haus ließen, fragten sie, wo mein Schlüssel sei. Ich sagte ihnen Wahrheit. Eine Woche später landete ich wieder stark psychotisch in der Psychiatrie. Von den Vermietern kam die Kündigung.

Der folgende Sommer, nachdem ich eine neue Wohnung gefunden hatte, im Jahr 2003 war sehr heiß und schön. In diesem Sommer unternahmen wir viel zusammen. Franz verteilte Traktate, wenn wir unterwegs waren. Peter predigte und George versuchte verzweifelt, eine Frau zu finden, die er hätte heiraten können, damit er in Deutschland bleiben könnte. Wir sprühten christliche Botschaften an alte Häuser, gingen ins Kino oder zum Schwimmen. Dazwischen pflegten wir Kontakt zum Hauskreis und zu der Pfingstkirche. Während dieser Zeit hatte ich Antidepressiva verschrieben bekommen, die meine Stimmung erheblich verbesserten. So konnte ich tatsächlich den Sommer genießen. Aber unter der Oberfläche brodelte es immer noch. Ich war total verwirrt durch die verschiedenen Lehren, mit denen ich durch meine Freunde in Kontakt kam. Auch die Prediger der Pfingstkirche predigen manchmal wirre Sachen.

Dieser Sommer ging zu Ende und wir gingen bald wieder getrennte Wege. Franz heiratete nach Amerika und Peter ging in die Schweiz. So war ich nach einiger Zeit in Memmingen wieder auf mich alleine gestellt. Ich entdeckte das Nachtleben. Ich ging in Diskos und Kneipen, auf der Suche nach einer Freundin.

Ich hatte auch das ein und andere Mal wieder einen One-Night-Stand wie früher, wenn ich in die Disko ging und Mädchen kennenlernte. Aber die Beziehungen war nie von Dauer. Ich konnte keine Liebe mehr zulassen und mich nicht mehr verlieben. So hatte ich zwar wieder ein paar sexuelle Abenteuer, aber diese waren nur kurzzeitig. Nach jedem sexuellen Verkehr hatte ich Angst, dass Gott mich dafür bestrafen würde, denn ich hatte gelesen, dass Gott Hurerei hasst. Aber ich war auf der anderen Seite wieder süchtig nach Sex geworden und konnte nicht damit aufhören. So kam ich immer wieder in Konflikt mit meinem Gewissen. Ich wollte Sex haben, wollte aber nicht dafür bestraft werden. Seit meiner „Umkehr" hatte ich diese Dinge einfach nicht mehr gemacht, aber der Trieb war jetzt noch stärker zurückgekommen und ich war wie besessen davon. Daher meinte ich, ich würde deswegen in die Hölle geworfen werden.

Die Furcht vor Gott war manchmal stark präsent und dann wieder nicht so stark. Auch das Arbeiten lenkte mich ein wenig ab. Aber nicht immer. Manchmal missionierte ich bei der Arbeit und erzählte, dass ich Gott begegnet wäre. Die Kollegen sahen jedoch, dass mit mir etwas nicht in Ordnung war, denn ich war einfach nicht mehr innerlich stabil. Ich war psychotisch.

Stattdessen zogen mich die Kneipenkultur und Disco-szene in Memmingen weiter in ihren Bann. Da die Kneipen und Lokale vor der Haustür waren, war ich oft bis spätnachts auf Tour. Würfeln und Dart-Spiele um Schnaps waren gang und gäbe. Der Alkohol beruhigte mich und machte mich locker, schadete aber meiner Psyche.

Mittlerweile hatte ich mich an das Alleinsein gewöhnt, so dass ich irgendwann ganz aufgehörte habe, mir eine Frau als Partnerin zu wünschen . Stattdessen ging ich wieder regelmäßig in Swingerclubs, um meine unersättliche Gier auszuleben.

Bei der Arbeit hatte ich oft auch große seelische Ängste und psychotische Attacken. Einmal ging ich einfach während der Arbeit hinaus und statt den Zug zu nehmen, lief ich den ganzen Weg nach Memmingen zu Fuß. Ein Glück, dass ich mich nicht verirrte. Ich weiß heute nicht mehr, wie oft ich im Betrieb auf die Toilette ging und zu beten versuchte, oder wie oft ich auf dem Nachhauseweg in eine Wiese ging und zu Gott schrie, er solle mir helfen. Doch es kam keine Hilfe. Stattdessen verurteilte mich die Bibel, wenn ich sie willkürlich aufschlug. Die Verzweiflung in mir wuchs und jedes Mal, wenn sie überhand nahm, landete ich wieder in der Psychiatrie.

Kapitel 10

Endstation Psychiatrie

Rückblende 19 – Station 3D

Da saß ich nun. Ich hatte mich vor ein paar Stunden einweisen lassen. Man führte mich in ein Zimmer und schloss die Tür hinter mir ab. Ich wollte nur noch sterben. Vielleicht schaffe ich es ein Fenster zu öffnen und aus dem Fenster zu springen. Als ich das Fenster überprüfe, stelle ich fest, dass es gesichert ist. Man kann es nur einen Spalt öffnen, aber nicht weiter. Mein Blick fällt auf ein Bild, das an der Wand hängt. Ich schaue es mir genauer an und ich sehe mich selbst in dem Bild. Meine Augen sind aufgequollen, als würden sie durch ein Vergrößerungsglas schauen. Immer wieder muss ich das Bild anschauen. Es zeigt tatsächlich mich. Wie kann das sein? Irgendwann lege ich mich ins Bett und schlafe ein. Als ich mich am nächsten Morgen auf der Station 3D wiederfinde, dämmert es mir, wo ich bin. Ich bin mal wieder in der Psychiatrie. Das Bild hängt nicht mehr an der Wand. Jemand hat es abgenommen.

Die Luft ist stickig und jeder zieht an seiner Zigarette, als wäre es die letzte Zigarette, die er in diesem Leben rauchen darf. Ich sehe alte Bekannte und neue Patienten. Die Alkoholiker sind witzig drauf. Sie bekommen ja auch den guten Stoff: Diazepam. Ich bekomme nur meine Neuroleptika und nichts zur Beruhigung. Aber ich bekomme Schlaftabletten. So kann ich wenigstens durchschlafen. Wolfgang und ich spielen Schach. Ich habe zwar Mühe mich zu konzentrieren, aber das Spiel verläuft ganz gut. Trotzdem verliere ich. Ein Mädchen schreibt mit dem Kugelschreiber an die Wände. Das ist nicht schlimm. Schließlich dürfen wir hier verrückt sein. Auf der anderen Seite sitzt eine alte Frau, die sich Zigaretten stopft. Hier muss man entweder selber drehen oder stopfen. Rauchen ist das einzige, was in der Psychiatrie Abwechslung bietet.

Endstation Psychiatrie

In der neuen Stadt, in Memmingen, bestand mein Leben die größte Zeit aus dem Kreislauf: Angst vor „Gott", mit darauffolgenden Panikattacken, Verzweiflung, Fühlen von Verdammnis und schließlich eine freiwillige Einweisung in die Psychiatrie für drei bis vier Monate. Nach dem Psychiatrieaufenthalt war ich wieder einigermaßen stabil und wurde wieder zum Arbeiten geschickt. Nach ein paar Monaten kam die

Angst wieder und der Kreislauf ging von vorne los. Dieser Kreislauf dauerte etwa 7 Jahre lang.

Während all dieser Zeit praktizierte ich das, was ich heute Okkultismus nenne: Zeichendeuten, Bibelstechen und Nummernlesen.

In der Psychiatrie lag ich oft mit innerer Unruhe im Bett. Ich konnte nicht stillsitzen und hatte beängstigende Visionen, die im nüchternen Zustand ebenso wie unter Medikation auftraten. Es gab auch Poltergeistphänomene wie ständiges Klopfen an Fenstern und an den Wänden und einmal schnürte mir eine unsichtbare Macht die Kehle zu. Dies geschah nachts, als ich im Bett lag. Es war dann so, als würde ein unsichtbares Wesen auf mir liegen und mir die Luft abdrücken. Mehrmals hörte ich Stimmen, die mich verdammten. Dann sah ich im Inneren Bilder, wie ich z. B. Jesus am Kreuz verspottete und hatte daraufhin Schuldgefühle, hatte beängstigende Träume von Engeln, Teufeln und Dämonen, die mir mit Verdammnis drohten, und die Bibelstellen, die ich las, schnitten ständig in mein Herz. Für mich war „Gott" wie ein grausamer Despot geworden, der mich in einem Augenblick lobte und im nächsten Augenblick in die Hölle werfen würde.

Oft dachte ich, mein Leben würde jetzt zu Ende gehen und danach würde Gott mich in die Hölle werfen. Manchmal baute ich mir dann in der Klinik auch die Rasierklingen auseinander, um mir im absoluten Notfall die Pulsadern öffnen zu können. Eine starke innere Unruhe drängte mich dazu.

Ich erlebte, wie Menschen an Betten gefesselt wurden, wie Alkoholiker, die total kaputt waren, eingeliefert wurden. Ich erlebte Selbstmorde mit, und wie viel Not und Elend die Menschen in der Psychiatrie miterleben mussten. Die Ärzte konnten mir nicht helfen. Erstens war ich nicht bereit, mir helfen zu lassen, und zweitens war ich immer so im Wahn verhaftet, dass ich keinen Zugang mehr zur Realität hatte, die mir hätte helfen können.

Meine Erinnerungen an die Psychiatrie verschwimmen ineinander. Die Zeit geht dort langsam, sehr langsam vorüber. Die meiste Zeit saß ich im Raucherzimmer, mit Alkoholikern, die einen Entzug machten. Mit Leuten, die mit sich selbst sprachen. Mit Rentnern, die bald ins Altersheim kommen würden. Und mit Leuten, die offensichtlich schwere seelische Probleme und Traumata hatten.

Die letzte Hoffnung auf Besserung bestand nach einem psychotischen Schub immer in einem weiteren Psychiatrieaufenthalt, wie ich meinte. Ich glaubte das jedoch weniger, vielmehr überredete mich meine Mutter, die sich nicht anders zu helfen wusste. Doch in der Klinik wird einem nicht wirklich weitergeholfen. Das wichtigste in diesen Kliniken sind die Medikamente. Es ist ein festgeschriebenes Ritual am Morgen, Mittag und Abend seine Pillen zu bekommen. Wenn die Unruhe stark ist, dann bekommt man auch manchmal ein Beruhigungsmittel.

Die meiste Zeit jedoch verbringen die Psychiatrieinsassen mit Warten. Sie warten eigentlich den ganzen Tag lang darauf, dass es ihnen besser geht.

Bei mir halfen die Medikamente nicht wirklich. Ich hatte trotz Medikation innere Unruhe und Angstzustände. Ich denke auch, dass Medikamente hier nicht wirklich weiterhelfen können. Sie werden zwar angepriesen, vor allem vom Klinikpersonal und den Ärzten. Doch ich sah die gleichen Leute, die Medikamente bekamen, während der Aufenthalte immer wieder kommen und gehen. Ja, ich sah eigentlich keinen, der wirklich geheilt worden wäre. Trotzdem ist man ohne die Medikamente noch viel schlimmer dran.

Mit den Alkoholikern hatte ich im Raucherzimmer immer den größten Spaß. Alkoholiker, die einen Entzug machen, sind meistens gut drauf, weil sie Diazepam bekommen. Dies ist ein Mittel, dass den Entzug lindert und stark beruhigend wirkt.

Dann gab es vor allem viele Frauen, die ich nur anschauen musste und wusste, dass sie starke seelische Probleme hatten. Manche ritzten sich, manche waren magersüchtig und manche waren auf schreckliche Art und Weise als Kinder missbraucht worden und litten sehr stark darunter. Einige waren zum Schutz vor gewalttätigen Vätern dort untergebracht worden.

Es gab auch viele Menschen, die manisch-depressiv waren. Die auf der einen Seite total hyperaktiv und kaum zu bremsen waren. Auf der anderen Seite konnten sie danach in eine totale Depression verfallen und nur noch weinend dasitzen.

Es gab aber auch alte Leute und diese taten mir am meisten leid. Sie waren hierher gekommen, damit ihre Medikation eingestellt wurde und sie danach in ein Altersheim entlassen werden konnten. Viele dieser alten Leute waren dement. Sie wussten nicht wirklich, wo sie waren, und sie wollten nur nach Hause. Manche versuchten verzweifelt aus diesem Krankenhaus herauszukommen. So mussten oft Türen abgeschlossen werden, und das Pflegepersonal hatte allerhand zu tun, um sie zum Dableiben zu bewegen. Manche kamen nachts ins Zimmer und geisterten auf den Gängen herum. Mehr als nur einmal verirrte sich jemand in das Zimmer, in dem ich gerade lag. Für diese Leute hatte die Hölle gerade erst angefangen. Von nun an würden sie in einem Altersheim vor sich hin vegetieren müssen. Abgeschoben und nicht mehr gewollt und gebraucht.

(Wer einmal sehen will, was die Sünde aus dieser Welt gemacht hat, der sollte einmal für zwei Wochen in die Psychiatrie gehen. Es gibt soviel Leid dort, Hoffnungslosigkeit und die steten Versuche wieder auf die Beine zu kommen.)

In meiner inneren Not konsultierte ich auch viele Seelsorger. Während die Ärzte mir in Glaubensfragen weniger weiterhelfen konnten, versuchte ich mit Kirchenleuten zu reden, die im Krankenhaus arbeiteten. Doch auch sie konnten mir nicht wirklich Trost zusprechen. Oft lief ich durch das Gebäude voll innerer Unruhe und Angst, um einen Seelsorger zu finden, nur um dann enttäuscht wieder zu gehen.

Es gab auch Therapiemaßnahmen. Zeichnen, Musizieren, Gesprächsrunden und Gespräche mit Ärzten. Doch ich wurde nie richtig stabil. In meinem Kopf kreisten die Gedanken und kamen nicht zur Ruhe. Diese Dinge sollen eine Tagesstruktur vermitteln. Sie helfen ein wenig, aber bringen bei vielen Patienten keine vollständige Genesung zustande.

Und doch gab es auch schöne Zeiten. Zeiten, wenn man mit anderen Kranken zusammen war und miteinander reden konnte. Wenn man sich mit einem Arzt gut verstand. Wenn man zusammen Spiele machte und eine Pizza bestellte. Aus dieser Zeit haben sich auch Freundschaften ergeben, die, wenn man sich mal zufällig über den Weg läuft, immer noch gelten.
Mehr als einmal hätte ich eine Beziehung mit verschiedenen Frauen anfangen können. Aber das wäre nicht gut gewesen, denn zwei Kranke ziehen sich nur gegenseitig herunter.

In der Psychiatrie liegt die Tür zum Himmel neben dem Tor zur Hölle. Man kann selbst wählen, durch welche Tür man gehen will. Man kann rebellieren und sich gegen die Krankheit wehren, oder man macht das Beste daraus.

Ich hatte in dieser Zeit immer noch Kontakte zu der Gemeinschaft der Adventisten und besuchte auch noch manchmal die Pfingstgemeinde. Aber hier konnte mir niemand helfen, und niemand merkte, dass ich unter unter einer dauerhaften Psychose litt. Alle waren ratlos und die ganzen Gebete und Predigten schienen nichts zu bringen. Es hätte mir auch niemand helfen können, denn ich war nicht bereit, mich zu öffnen. Ich war auch nicht bereit, meine Wunder-Praktiken aufzugeben und mein Bild, das ich mir von Gott gemacht hatte, zu hinterfragen. Unter anderem auch weil ich zu stolz war. Doch durch die Psychiatrie wurde mein Stolz nach und nach zerbrochen.

Mein Freund, der Missionar und der Unternehmer haben mich kein einziges Mal besucht, das tat mir sehr weh. Ich musste mit meinen Problemen ganz alleine fertig werden. Bis auf meine Mutter hatte ich so gut wie keine Unterstützung.

Zuhause, in der Wohnung, war es auch nicht besser. Und in Memmingen, wenn ich abends wegging, traf ich manchmal einige medial veranlagte, psychisch kranke Menschen, die ich ebenso negativ beeinflusste wie sie mich. Ich predigte immer noch, obwohl eigentlich jeder sehen konnte, dass ich total kaputt und am Ende war, und dass das, was ich sagte, nicht mit dem übereinstimmte, wie mein Leben aussah.

Bei der Arbeitsstelle ging es mir ebenfalls oft nicht gut. Ich war, wie schon berichtet, in Gedanken versunken, hatte Gedankenschleifen im Kopf und konnte mich oft nicht auf das Einfachste konzentrieren. Ich machte viele Fehler. Mittlerweile hatte ich aber einen

Schwerbehinderten-Ausweis, sodass mich mein Arbeitgeber wegen des erhöhten Kündigungsschutzes nicht so leicht kündigen konnte. Auch hier brachte ich viel Verwirrung und abstruse Gedanken zu meinen Arbeitskollegen. Sie nannten mich ja deswegen „Jesus".

Inzwischen war ich auch wieder regelmäßig in Swingerclubs und Kneipen zu finden und trank viel Alkohol und rauchte wie ein Schlot. Mit der sexuellen Reinheit war es ja bei mir wieder schon lange vorbei, und ich hatte jedes Mal, wenn ich Hurerei beging, hinterher den Gedanken, dass mich Gott nur verwerfen könnte und ich deswegen in die Hölle kommen würde. Das war jedoch nicht mehr nötig, denn mein Leben war bereits zur Hölle geworden. Der Satan hatte mich fest im Griff. Meine Sexualität war einfach nicht mehr unter Kontrolle zu bekommen, so sehr ich mich auch bemühte, diesem Trieb nicht nachzugeben. Sie war wie ein gewaltiger Sog, dem ich keinen Widerstand leisten konnte. Es war eine regelrechte Sucht. Ein Zwang.

Meine Misere war groß und mein Leid überwältigend. Ich trauerte über mein ganzes Leben, das zerstört worden war. Nicht viele Menschen, so glaubte ich, haben so viel Leid durchmachen müssen. Um einen Weg aus der Verzweiflung und der Not zu finden, las ich unzählige Bücher, besuchte Gottesdienste, ließ für mich beten und betete selber. Wie ein Ertrinkender suchte ich nach dem rettenden Rettungsring, den Gott mir hoffentlich zuwerfen würde. Und Gott, in Gestalt von Jesus Christus, streckte tatsächlich Seine rettende Hand nach mir aus, obwohl ich Angst vor Ihm hatte und ich Ihn immer schlecht behandelt hatte. Die Rettung vollzog sich langsam aber nachhaltig.

Kapitel 11

Die Wende

Rückblende 21 - Der Traum

Es war eigentlich eine Frage, die in dem Hauskreis, den ich besuchte, aufgekommen war. Diese Frage war: Stammt jeder Traum von Gott, oder können Träume auch einfach nur seelischer Natur sein? Eine junge Frau, die den Hauskreis besuchte, hatte einen Traum gehabt und wir meinten, dass dieser eine Wegweisung Gottes gewesen wäre. Doch aufgrund des Traumes werde ich stutzig. Ich stelle mir die Frage, ob alle übernatürlichen Dinge, die gut erscheinen, auch von Gott stammen.

Der Tag, an dem ich diese Frage bei google eingebe, verändert mein Leben. Ich komme auf eine Seite, die sich kritisch mit seelischen Eindrücken, die viele als Gottes Wirken deuten, befasst. Nachdem ich die sehr entscheidende Erkenntnis gewonnen habe, dass nicht jeder Traum von Gott ist, stelle ich weitere Fragen. Je mehr Fragen ich stelle, umso mehr Antworten kommen in Form von Artikeln, Einträgen und Berichten, die ich im Internet finde.

Ich beginne ab diesem Tag alles, was ich glaube, zu hinterfragen. Die folgenden Tage recherchiere ich weiter im Internet. Es folgen viele Stunden, in denen ich nur christliche Seiten im Internet lese. Ich stoße auf immer mehr Ungereimtheiten in dem, was ich in den vergangenen Jahren geglaubt habe. Diese Ungereimtheiten lösen sich langsam auf, je mehr Informationen ich finde. Durch die Artikel, die ich finde, werde ich immer wieder an andere Internetseiten weitergeleitet, die mir mehr und mehr Antworten auf meine Fragen liefern. Endlich brauchbare Informationen! Sie befassen sich kritisch mit Visionen, Träumen und Bildern, die auftreten können, wenn man okkult belastet ist. Ich glaube, ich bin auch okkult belastet. Alles, was ich erlebt habe, ist nicht von Gott gekommen, sondern ist entweder seelischer oder dämonischer Natur. Dahinter steckte der Teufel! Nicht Gott!

Rückblende 22 - Die Brotkrumenspur

Es ist wie bei Hänsel und Gretel. Ich folge den Hinweisen und der Brotkrumenspur. Mit jeder Entdeckung werde ich freier. Ich verstehe langsam. Aus der Vogelperspektive betrachte ich mein Leben und sehe, was schief lief.

Die Wende

Ich wusste, dass mit meinem Leben etwas nicht stimmte. Tagtäglich hatte ich große Angst vor „Gott", der einmal gut mit mir zu reden schien und dann wieder schlecht. Das lag einfach daran, dass ich immer wieder willkürlich die Bibel aufgeschlagen und dann erwartet hatte, zu erfahren, wie Gott gerade über mich dachte. Es war ein regelrechter Zwang. Ständig blätterte ich in der Bibel. Beim Arbeiten genauso wie in der Freizeit. Ich traf fast keine Entscheidung mehr, ohne vorher willkürlich die Bibel aufzuschlagen und genauso willkürlich auf einen Vers zu tippen. Das, was dort stand, hielt ich für Gottes Antwort.

Auch die Zeichendeuterei und das Nummernlesen verwirrte mich auf schlimmste Weise. Einmal hielt ich die Zweifel nicht mehr aus. Ich wollte einfach wissen, ob ich in den Himmel oder in die Hölle kommen würde. So sagte ich zu Gott: „Wenn ich eines Tages in die Hölle komme, dann lass es mich bitte wissen. Wenn es so sein soll, dann lass bitte ein Auto mit der Nummer „666" vorbeifahren." Kurz darauf fuhr tatsächlich ein Auto mit derselben Nummer vorbei. Kurz darauf landete ich wieder voller Panik in der Psychiatrie. Mit Verdammungsangst und Panik.

Auch die übernatürlichen Erlebnisse hörten nicht auf. Manchmal hörte ich nachts vom Bett aus Schritte. Es waren Trippel-Geräusche, wie wenn ein Tier durchs Zimmer laufen würde. Das versetzte mich zusätzlich in Panik. Es gab nachts auch öfter ein Gepolter auf dem Dachboden, das ich mir einfach nicht erklären konnte. Daraufhin schlief ich oft nur noch bei brennendem Licht. Bis heute habe ich keine Erklärung dafür gefunden.

Es geschahen immer wieder Zufälle, die eigentlich keine Zufälle sein konnten. Es seien Fügungen Gottes, so wollte es mir mein okkult magisches Denken weismachen. Oft las ich in der Bibel eine Stelle, die sich dann wortwörtlich in meinem Leben erfüllte. Es war manchmal, als würde die Bibel mein Leben kommentieren. Wenn ich wieder Unzucht getrieben hatte, las ich die Gerichtsreden der Propheten, die sich über die Hurerei im Volk Israel beklagten. Auch andere Texte deutete ich auf mich.

Auch leiteten mich innere Stimmen, so dass ich nicht das tat, was ich wollte. Wenn ich in ein Gespräch vertieft war, hörte ich, wie die Stimmen das Gespräch kommentierten. Und wenn ich das dann weitergab, was sie gesagt hatten, führte das oft zu Irritationen bei dem jeweiligen Gesprächspartner. Als wenn ich gelenkt würde, so kam mir mein Leben vor. Doch dieser „Gott", an den ich glaubte, der schien mich zu hassen, obwohl ich bemüht war, ihm zu dienen. Viele Stunden lag ich auf den Knien und bestürmte diesen „Gott" mit Gebeten der Unterwürfigkeit. Ich hatte bereits jeden Stolz verloren und jede Würde. Voll innerer Unruhe. Voll Zweifel und Angst. Doch dieser „Gott" erhörte mich einfach nicht. Egal, wie sehr ich zu ihm schrie. Die Verzweiflung packte mich und riss mich in ungeahnte Tiefen der menschlichen Existenz. Was stimmte nur nicht mit mir? Warum konnte ich nichts richtig machen? Warum liebte mich „Gott" nicht mehr?

Ich hatte es früher ja eine ganze Zeit lang geschafft, auf die sexuellen Sünden und meine Laster zu verzichten. Weil ich nun wiederum darin gefangen war, traf mich das Wort Gottes mit voller Wucht und ich ich bekam noch mehr Angst. Im zweiten Petrusbrief wird beschrieben, wie Menschen, die einmal gläubig gewesen waren, wieder in ihre Laster zurückgefallen waren und darum ihr Heil verspielt hatten, weil sie sich nicht an Gott festgehalten hatten. Ich konnte diesen Brief nicht mehr lesen. Jedes Mal, wenn ich diese Stellen las, erfüllten mich eine gewaltige Furcht und ein eiskalter Schrecken. Ich meinte, ich wäre zu weit gegangen, indem ich in die alten Sünden zurückgefallen war. Weil die Sünden so hartnäckig in meinem Leben blieben, meinte ich, dass dies immer so bleiben würde. Weil ich es nicht schaffte, Gott treu zu bleiben mit einem reinen Leben, dachte ich, sei es endgültig zu spät. Auf mich würde nur noch die Hölle warten. Gott würde mir nie wieder helfen.

Trotzdem gab ich nicht auf. Mein Bücherregal war gefüllt mit sehr unterschiedlichen Büchern: Ratgebern für christliches leben, christliche Predigten und Auslegungen der Bibel. Hauptsächlich von der charismatischen Richtung geprägt. Ich suchte nach einem Ausweg. Einem Ausweg, dass es mir wieder besser gehen würde. Doch mit jedem neuen Buch wuchs auch die Enttäuschung. Es änderte sich einfach nichts an meinem Zustand. Die Angst und die Panik waren immer noch da. Sie gingen einfach nicht weg.

Eines Tages erzählte eine junge Frau bei dem pfingst-kirchlichen Hauskreis, den ich aus Angst nicht mehr besuchen konnte, einen Traum, den sie gehabt hatte. Das teilte mir der Arbeitskollege und mittlerweile gute Freund mit, durch den ich in den Hauskreis gekommen war. In dem Traum hatte sie gesehen, wer aus dem Hauskreis wen heiraten würde. Sie hatte es in allen Einzelheiten deutlich gesehen, wie die Hochzeiten ablaufen würden. Sie glaubte fest daran, dass dieser Traum eines schönen Tages Wirklichkeit werden würde. Ich begann zu zweifeln. War dieser Traum wirklich von Gott? War er nicht vielmehr eine Sprache ihrer Seele? Drückte der Traum nicht unterbewusst ihre Wünsche aus?

In den folgenden Tagen unterhielt ich mich mit einem jungen Mann, der auch den Hauskreis besuchte, unter vier Augen darüber. Er sagte, dass dies einfach Gefühlsduselei wäre und keinesfalls ein Zeichen von Gott. Also war ich nicht alleine. Auch ich begann stark zu zweifeln.

In den nächsten Tagen suchte ich im Internet nach christlichen Seiten, die sich mit Traumdeutung befassten. Schon kurze Zeit später wurde ich fündig. Ich fand eine Seite, die sich kritisch damit auseinandersetzte. In dem Artikel hieß es, dass viele Christen Träumen einen zu hohen Stellenwert beimessen würden. Träume wären meistens nur Spiegelbilder des seelischen Zustandes und keineswegs von Gott. Gott würde heute ganz selten noch Träume benutzen, um zu den Menschen zu reden, da wir ja mit der Bibel den gesamten, vollkommen Ratschluss Gottes in den Händen halten würden und nur darin zu lesen brauchten.

Zum Glück war diese Seite noch ausführlicher. Sie befasste sich unter anderem auch mit einem weltbekannten Prediger, der auch im Hauskreis verehrt wurde, der jedoch auf dieser Seite als gefährlicher Irrlehrer und Spiritist entlarvt wurde. Zum ersten Mal entdeckte ich dabei, dass Christen keineswegs immer nur vom Heiligen Geist geleitet sein können, sondern sich auch anderen Geistern öffnen können. Auf der Seite wurde beschrieben, dass auch Christen direkt unter dämonische Einflüsse kommen können, wenn sie nicht auf der Hut sind. Das war ganz neu für mich. Ich war immer davon ausgegangen, dass ein „Christ", der ja den Heiligen Geist haben sollte, nicht von Dämonen beherrscht werden könnte. Doch die Seite erklärte, dass dem nicht so sei. Langsam machten sich in mir Zweifel breit, ob dieses Wesen, das mir damals im Schlafzimmer erschienen war, tatsächlich Gott gewesen war. Aber ich war noch nicht so weit, es komplett in Frage zu stellen. Denn diese Liebe und Annahme, die ich erfahren hatte, könnten doch unmöglich von der dämonischen Seite kommen, dachte ich. Nein, nur Gott könne solche Gefühle hervorrufen, dachte ich.

In der Folgezeit konzentrierte ich mich mehr auf das Internet. Dauernd lud ich mir von einem Portal bibeltreue Predigten herunter, die sich ganz anders anhörten, als ich sie im Hauskreis und in der Pfingstkirche gehört hatte. Eine Predigt ist mir im Gedächtnis geblieben. Sie führte mich weiter in Richtung Freiheit. Die Predigt handelte davon, wie man feststellen könne, ob man den Heiligen Geist habe oder nicht. Der Prediger, ein Schweizer, führte darin aus, dass man den Heiligen Geist nur bekommen würde, wenn man Jesus Christus seine Sünden bekennen würde und Jesus in sein Leben aufnehmen würde. Auch das war völlig neu für mich. Ich war ohne Jesus zu Gott gekommen. Gott hatte mich doch als seinen Sohn angenommen, so wie Jesus. Daraufhin schrieb ich eine E-Mail an den Prediger, die auch in wenigen Tagen beantwortet wurde. Ich hatte ihm ausführlich beschrieben, was damals in meinem Schlafzimmer passiert war und fragte ihn, ob das der echte Gott gewesen sein könne. Die Antwort war freundlich. Er wäre sich nicht sicher, schrieb er. Aber ich sollte mich verstärkt an Jesus Christus wenden, dann würde ich die Antwort auf meine Fragen erhalten.

Meine Mutter war zu diesem Zeitpunkt schon gläubig und immer wenn wir zusammen beteten – und sie betete oft für mich, wenn ich verzweifelt war – betete sie zu Jesus Christus. Ich wollte aber lieber, dass sie zu dem Vater beten würde, an den ich glaubte. Doch sie blieb bei Jesus. Das irritierte mich. Ich hatte keine Beziehung zu Jesus Christus.

Je länger ich die Predigten hörte, die mir die Bibel in klarer Art und Weise auslegten, umso mehr Zweifel bekam ich, ob ich überhaupt ein echter Christ war. Mein Zustand hatte sich immer noch nicht verbessert.

Trotzdem beschloss ich, mich mehr mit Jesus zu beschäftigen.

Eines Tages war ich bei der Arbeit voller innerer Unruhe und zerrütteten Sinnen. Am Mittag ging ich hinaus auf den Parkplatz und beschloss zu Jesus zu rufen. Da mich der „Vater-Geist" niemals erhört hatte, dachte ich, dass aber Jesus mich jetzt erhören würde. Ich dachte wirklich, es würde dieses Mal auch wieder ein Zeichen oder ein Wunder geschehen, wie damals. Ich stand neben einem großen Stein und wollte gerade den Namen Jesus ausrufen, als ich merkte, dass ich es nicht konnte. Gerade dann, wenn ich den Namen aussprechen wollte, bekam ich einen Brechreiz. Ich würgte, mein Essen kam hoch und ich erbrach mich. Ich schaffte es einfach nicht diesen Namen auszusprechen. Und plötzlich dämmerte es mir: Ich war dämonisch besessen. Anders konnte ich es mir nicht erklären. Man kennt das ja aus Filmen wie „der Exorzist" oder „das Omen", dass besessene Opfer den Namen des HERRN nicht anrufen können und ihn verabscheuen. Aber gleichzeitig festigte sich in mir der Gedanke, dass nur Jesus Christus mir noch helfen konnte.

Über Monate hinweg hörte ich nur noch Predigten und suchte im Internet nach Seiten, die okkulte Bindungen und die Lösung davon beschrieben. Ich fand auch einiges an Material, dass ich mir herunterlud und ausdruckte. Vor allem ein inzwischen verstorbener Christ, der sich viel mit Besessenheit und okkulten Bindungen auseinandergesetzt hatte, hatte sehr gute Bücher darüber geschrieben. So nahm ich auch Kontakt mit dem Mann auf, der seinen Nachlass verwaltete. Auch er war ein gute Hilfe. Durch die Texte, die er mir zuschickte, fand ich heraus, dass es nicht gut ist, wenn man die Bibel willkürlich aufschlägt und von Gott eine Antwort erzwingen will. Ich fand zudem heraus, dass dies etwas ist, das der Gott der Bibel verboten hat. Das ist etwas was Gott hasst. Es handelt sich dabei um Zauberei. Eine Sünde. Eine Okkultsünde. Man kann damit buchstäblich in Teufels Küche kommen. Als ich das erkannt hatte, hörte ich vollkommen damit auf, die Bibel willkürlich aufzuschlagen. Ich begann stattdessen, sie mit System zu lesen.

Auch die Zahlendeuterei ist eine Art von Wahrsagerei und deshalb auch eine Okkultsünde. Als mir das bewusst wurde, hörte ich auch damit ein paar Monate später auf.

Alles schien besser zu werden, doch zuvor gab es noch einen Rückfall. Meine Mutter besuchte eine Gemeinde und wandte sich wegen mir hilfesuchend an zwei Frauen. Wir beschlossen einmal zusammen zu beten und mein Leben durchzugehen. Doch das ganze wurde zu einer Art Exorzismus. Sie stellten angeblich fest, dass ich mehrere Dämonen hatte, die sie nun versuchten auszutreiben. Dabei ging es mir immer schlechter und ich wurde immer noch zerrütteter und verzweifelter. Es artete in einen regelrechten Exorzismus aus, so wie er häufig in Filmen dargestellt wird. Ich wusste jedoch mittlerweile durch meine Studien, dass das Lösen von den Dämonen anders vonstatten geht, als durch die gängige charismatische Methode. Ich wusste instinktiv, dass es so nicht gehen würde. Es brachte auch nichts. Es ging mir auch nicht besser, sondern eher schlechter. Wir hörten auch damit auf. Und eine der Frauen sagte schließlich: „Nimm einfach regelmäßig deine Medikamente, dann wirst du schon wieder stabil." Das tat ich dann auch.

(Ich weiß, dass es diese Frauen nur gut gemeint haben. Nur die Methode war einfach falsch gewesen. Ich mache ihnen deswegen keinen Vorwurf. Sie sind für mich Schwestern im HERRN.)

Wir blieben auch weiterhin in Kontakt. So kam es, dass der Prediger der Gemeinde, eine der Frauen und meine Mutter mich des öfteren zuhause besuchten. Wir beteten dann und lasen mit System fortlaufende Abschnitte in der Bibel. Als ich dem Prediger gegenüber einmal erwähnte, dass ich Angst vor dem Wort Gottes hätte, betete er für mich. Er redete zu Gott und sagte IHM, dass Gott mir die Angst vor der Bibel nehmen möge. Er betete auch sinngemäß dafür, dass Gott mich weiterhin auf meinem Weg unterstützen möge. Und tatsächlich – Gott erhörte diese Gebete.

Es folgte eine Zeit, in der ich Bücher kaufte, die sich mit dem Volk Israel beschäftigten. Dazu kamen noch Bücher über die Heilsgeschichte. Durch das ausgiebige Bibellesen, das ich in meiner Verzweiflung stundenlang betrieb, hatte ich schon viel Wissen angehäuft. Aber das musste geordnet werden. Durch die

Bücher und auch durch die Predigten fügte sich so langsam vieles zu einem geordneten Verständnis zusammen. Ich war verblüfft, wie alles aufging. Gottes Wort macht tatsächlich einen Sinn, wenn man es richtig ordnet. So verstand ich, dass die Bibel studiert werden muss und keineswegs ein Horoskop für das Leben ist. Ich verstand auch, wen die Propheten mit ihren Gerichtsbotschaften gemeint hatten. Nicht mich, sondern das damalige Volk Israel. Auch die Evangelien und Briefe der Apostel konnte ich nach und nach einordnen, und ich las viele Bücher über Jesus Christus. Wer ER war und was ER in Zukunft mit der Welt vorhat.

Mit der Ordnung des Bibelwissens zog auch Ordnung in meinem Verstand ein. Mein Verstand begann immer klarer zu werden und ich verstand, dass dieser „Vater-Geist" nicht Gott gewesen war. Vielleicht war er ein Produkt meines Verstandes oder tatsächlich eine dämonische Manifestation. Ich begann, nicht mehr zu diesem Geist zu reden, sondern zu Jesus Christus, was ich mittlerweile konnte. Auf diesen Jesus konnte ich bauen. Ich erkannte an einem Abend, dass ich niemals Christ gewesen war, sondern ein gefährlicher Irrlehrer und falscher Prophet, der versucht hatte, andere Menschen zu beeinflussen. Diese Erkenntnis führte bei mir zu einem seelischen Zusammenbruch, diese so große Schuld. Doch ich durfte alle diese Schuld, diese Sünden Jesus Christus, dem Retter, bekennen; denn auch für meine Schuld war ER ja am Kreuz gestorben. Ich wusste, darauf konnte ich bauen. Mein Heil ist felsenfest sicher, wenn ich mich auf Jesus verlasse. Alles andere ist vergänglich und unsicher, egal wie die Geister heißen. Jesus Christus ist für ewig der sicherste Platz, im Himmel und auf Erden.

Mit dieser Erkenntnis verschwand auch meine Angst vor Gott. Ich wusste durch das Studium der Bibel, dass ich durch das Opfer am Kreuz, das Jesus Christus auch für mich dargebracht hat, von Gott als Sein Kind angenommen bin. Dazu brauchte ich keine Zeichen und Wunder mehr, denn Gottes Wort sagte mir das. Die Verheißungen, die ich jahrelang nicht glauben konnte, wurden mir dadurch, dass Jesus Christus jetzt im Mittelpunkt meines Lebens stand, absolut vertrauenswürdig. Jesus Christus ist absolut real! Ich musste mir nicht mehr eine Antwort von Gott erzwingen. Ich konnte der Bibel glauben, alles, so wie es dort steht.

Dieser ganze Prozess dauerte ein, vielleicht zwei Jahre. Die Finsternismächte ließen nicht so schnell locker. Ich hatte während dieser Zeit immer noch Probleme, auch mit Mitmenschen. Manchmal hatte ich Angstzustände und Panik. Die Mächte ließen mich nicht so einfach gehen und versuchten immer wieder, Einfluss auf mich auszuüben. Doch mit der Zeit wurde es besser. Der Kampf musste gekämpft werden. Die erste Erleichterung war, dass die Angst vor Gott verschwand. Die zweite Erleichterung war, dass ich langsam wieder zu mir selber fand. Aber wie es so oft im Leben ist – es gibt Schäden, die bleiben einfach zurück. Auch meine Krankheit, die paranoide Schizophrenie, macht sich immer noch ab und zu bemerkbar.

Manchmal schwerer, manchmal etwas leichter. Aber es ist im Bezug auf Gott wesentlich leichter geworden. So schnell jagt mir keiner mehr Angst vor der Verdammnis ein.

Die größte Hilfe dabei war und ist heute immer noch meine Mutter. Ohne sie und ihr Gebet, ohne ihre Hilfe, wie sie mich in jeder nur erdenklichen Art unterstützt hat, mir in praktischen Dingen geholfen hat, und ohne ihre unerschütterliche Hoffnung, wäre ich heute nicht mehr am Leben. Ohne sie wäre dieses Buch niemals entstanden. Danke Mama! Und ohne Jesus Christus, der Licht in mein Leben brachte und mich aus der schlimmsten Verzweiflung rettete, erst recht nicht. Danke HERR Jesus!

Ich kann heute an Jesus glauben und muss keine Zeichen und Wunder dazu sehen. Ich kann mich einfach auf sein Wort verlassen. Denn sein Wort hat sich schon millionenfach bewährt. Die Prophetien in der Bibel, von denen sich schon ganz viele genauso erfüllt haben, wie sie hunderte von Jahren vorher aufgeschrieben wurden, genügen mir vollkommen. Sie zeigen mir, dass die Bibel wahrhaftig Gottes Wort ist, dem ich glauben und vertrauen kann.

Kapitel 12

Heute

Heute sieht es besser aus. Vor einigen Jahren habe ich mit dem Arbeiten aufgehört und beziehe jetzt meine Rente. Vorläufig. In meine Psyche ist zum größten Teil Ruhe eingekehrt. Natürlich gibt es immer wieder Probleme. Probleme wird es geben, solange man lebt.

Erst mit einer gewissen Distanz zu den Geschehnissen konnte ich dieses kleine Buch schreiben. Wenn man aus dem ganzen Schlamassel erst einmal draußen ist, fällt es leichter, die Dinge objektiv zu betrachten.

Ich bin immer noch alleinstehend und komme gut damit zurecht. Jesus Christus hat mich größtenteils von meiner unersättlichen Sexsucht befreit. Dies ist jetzt einige Jahre her. Auch eine Automatenspielsucht, die sich dazwischen eingeschlichen hatte (die hier aber nicht beschrieben ist), ist vollkommen weg.

Mein Psychiater, der mich über viele Jahre begleitete, sagte, ich hätte Fortschritte gemacht. Er hat dieses Buch gelesen. Er hat mich über die Jahre hinweg stets freundlich und herausfordernd begleitet. Er war stets fair und professionell. Ihm gilt auch mein Dank.

Ich konzentriere mich jetzt hauptsächlich auf's Schreiben. Ich betrieb mehrere Internetseiten, die ich eifrig bearbeitete und versuchte, stets neue Themen zu behandeln. Vielleicht finde ich in Zukunft ja endlich mal eine Arbeit, die mir Freude macht und von der ich leben kann.

Ich habe jetzt hauptsächlich über mich geschrieben und der Leser wird sicherlich schon festgestellt haben, dass ich zu einer gehörigen Portion Narzissmus und Egoismus neige. So bin ich, und ich leide selbst darunter. Mir sind diese Dinge bewusst, aber sie wurden mir nur durch Jesus Christus bewusst. Jesus Christus zeigt einem nicht nur die Sünde, die man hat, auf, sondern er will den Menschen auch verändern, wenn dieser es zulässt. So will auch ich mich weiterhin von ihm ändern lassen.

Ein Problem ist außerdem, dass ich mich viel zu oft in mein Schneckenhaus der Phantasie zurückziehe. Diese Traumwelten und Phantasien bildeten die ungesunde Grundlage für meine Schizophrenie.

Aber Jesus kam nicht für perfekte Menschen. Er kam für Sünder. Und wenn auch Du ein Sünder bist, dann kannst Du jederzeit zu ihm kommen. Er ist nur ein Gebet weit von Dir entfernt. Und bist Du, wie ich damals, in einer grauenhaften Grube aus Sünde, Wahnsinn und Zauberei gefangen, so ist es für Ihn kein Problem, Dich daraus zu retten. Bei Jesus gibt es keine hoffnungslosen Fälle. Im Gegenteil, die hoffnungslosen Fälle sind sein Spezialgebiet.

Jesus Christus spricht:

Kommt her zu mir alle, die ihr mühselig und beladen seid, so will ich euch erquicken!
(Mt 11,28)

Drogen, Glaube an Außerirdische (die in Wahrheit Dämonen sind), Magie, böse Musik, zerstörte Beziehungen, Porno, Hurerei und religiöser Wahn... Das sind alles Gebiete, in denen Jesus Experte ist und helfen kann, weil ER selbst ohne Sünde blieb und weil ER von sich sagen konnte und gesagt hat : **„Mir ist gegeben alle Macht im Himmel und auf Erden."** (Mt 28,18) Und weiter sagte ER:

und ihr werdet die Wahrheit erkennen, und die Wahrheit wird euch frei machen!
(Joh 8,32)

Ich bin noch nicht am Ziel meines Lebens. Dieses Buch ist vielleicht nur eine Zwischenbilanz. Es gibt, so Gott will und ich lebe, noch viel zu tun. Es werden noch viele Probleme und Nöte kommen und sind auch schon da. Ich habe immer noch Probleme Liebe zu geben und anzunehmen. Manchmal gibt es immer noch Angriffe in Gedanken. Manchmal herrscht immer noch Angst in Menschenmengen vor. Die paranoide Schizophrenie wird wahrscheinlich nie ganz weggehen. Sie wird auf dieser Erde immer ein Bestandteil meines Geistes bleiben, aber meine inneren Sicherungen knallen nicht mehr so schnell hinaus. Ich nehme nach wie vor Medikamente dagegen.

Aber das Gute ist: Die Bibel macht mir keine Angst mehr, sondern ich finde vielmehr Stärkung, Wegweisung, Korrektur und Trost in ihr. Sie hat mir in schwierigen Situationen immer wieder weitergeholfen.

Es wird Rückschläge und Fortschritte geben. Es bleibt, wenn Gott will, weiterhin spannend. Jesus sitzt jetzt am Steuer meines Lebens. Ich weiß immer noch nicht, ob ich dämonisch belastet war oder ob der religiöse Wahn Ausdruck meiner Psychose war. Auf manche Antworten muss ich einfach noch warten.

Mit meinem Vater habe ich heute ein sehr gutes Verhältnis. Er hat mit dem Trinken aufgehört. Dadurch ist er viel ruhiger und sanftmütiger geworden. Er reagiert nicht mehr aufbrausend; sogar seine Gesichtszüge sind weicher geworden. Das ist ein echtes Wunder! Ich liebe meinen Vater!

Wenn du Jesus Christus einlädst, dann wird er dir auch die Wahrheit zeigen. Mach dich gefasst auf ein außergewöhnliches Leben mit Ihm. Es ist kein Leben ohne Schwierigkeiten. Aber ER geht immer mit, auch oder erst recht auf den schwierigen Wegen, wenn du dich IHM anvertraust, denn ER hat gesagt: **„Ich bin bei euch alle Tage bis an der Welt Ende."** (Mt 28,20)

Dann kannst du sagen: "Jesus liebt mich, ich bin gewiss, denn die Bibel sagt mir dies!" (ein Liedvers)

Flucht aus dem Wolkenku-ckucksheim

Ordnung durch Gottes Wort

Die Krankheit Schizophrenie hat, während sie mit der Zeit seit ihrer Entdeckung verschiedene neue Deutungen über ihre Ursachen erfuhr, für eine merkwürdige Faszination gesorgt. Es gibt etliche Bücher über diese schwere Geisteskrankheit, sie beinhalten zumeist viele Versuche, die Gründe für den Ausbruch von Psychosen zu erforschen und dabei aufzuzeigen, warum ein Mensch sich aus dieser Welt verabschiedet und sich „in sein Wolkenkuckucksheim" flüchtet, wie es eine Psychiaterin mir zu sagen pflegte. Manchmal ist die Realität so schwer zu ertragen, deshalb baut man sich seine eigene kleine Horrorwelt zusammen, über die man zwar meint, Kontrolle zu haben, doch irgendwann wird diese andersartige Welt noch bedrohlicher als die wirkliche. Und man verliert in der Regel die noch bestehende Kontrolle über seinen Geist. Man wird Spielball der unsichtbaren Mächte, seien sie real oder nur Einbildung.

Im Leben eines Psychotikers sind wichtige und unwichtige Gedanken durcheinandergekommen. Teils weniger stark gewichtete Erlebnisse und Gedanken werden überbewertet, und wirklich fundamentale und lebensnotwendige Themen und Bereiche geraten fast völlig in den Hintergrund. So kann eine Radiomeldung, wenn man sie im Wahn auf sich selber bezieht, absolute Panik auslösen, weil man meint, von der Regierung verfolgt zu werden. Auf der anderen Seite isst man vielleicht nichts mehr und vernachlässigt die Körperpflege, was den körperlichen und gesundheitlichen Zerfall beschleunigt. Zudem raucht man wie ein Schlot. (Die meisten Psychotiker sind starke Raucher!) So zerstört man seine Gesundheit. Wichtig wäre es, wieder zu Kräften zu kommen, weniger zu rauchen und sich damit zu stabilisieren. Dieses Unterscheiden zwischen Wichtig und Unwichtig kommt dem Psychotiker abhanden. Doch dieses Gleichgewicht kann man wiederherstellen. Später mehr dazu.

Als ich nach langen Kämpfen endlich damit aufhörte, die Bibel nach meiner Willkür zu deuten und danach anfing, die Bibel so zu lesen, wie sie sich selber verstanden wissen will, begann sich mein Geist durch den Geist Gottes selber zu ordnen. Dazu musste ich mir eingestehen, dass ich jahrelang die Bibel wie einen Steinbruch gebraucht hatte, indem ich mir Aussagen aus dem Gesamtzusammenhang herausgelöst und mir die absurdesten Lehrgebäude aufgebaut hatte.

Petrus schreibt:

Dabei sollt ihr vor allem das erkennen, dass keine Weissagung der Schrift von eigenmächtiger Deutung ist. 21 Denn niemals wurde eine Weissagung durch menschlichen Willen hervorgebracht, sondern vom Heiligen Geist getrieben haben die heili-

gen Menschen Gottes geredet.
(2Petr 1,20;21)

Die Bibel will sich so verstanden wissen, wie Gott sie gemeint hat, nicht wie wir sie vielleicht fehlerhaft deuten und egozentrisch auslegen.

Zudem ist es ein grober Fehler, ja eine schwere Sünde, wenn man die Bibel als Wahrsagebuch missbraucht. Viele Sätze, die ich las, bezog ich auf mein Leben, wie jemand, der am Sonntagmorgen das Wochenhoroskop für die nächste Woche liest. Die Bibel ist jedoch in erster Linie ein Studienbuch, eine genaue Anleitung oder auch Gebrauchsanweisung für das Leben mit Gott. Um zu lernen, wie man richtig mit Gott lebt, muss man die Bibel studieren, über ihre Aussagen nachdenken und sie dann in der Tat verwirklichen. Nur so kommt man im Glauben weiter:

Du aber bleibe in dem, was du gelernt hast und was dir zur Gewissheit geworden ist, da du weißt, von wem du es gelernt hast, 15 und weil du von Kindheit an die heiligen Schriften kennst, welche die Kraft haben, dich weise zu machen zur Errettung durch den Glauben, der in Christus Jesus ist. 16 Alle Schrift ist von Gott eingegeben und nützlich zur Belehrung, zur Überführung, zur Zurechtweisung, zur Erziehung in der Gerechtigkeit, 17 damit der Mensch Gottes ganz zubereitet sei, zu jedem guten Werk völlig ausgerüstet.
(2 Tim 3,14-17)

Man kann natürlich Bibelverse auf sein Leben anwenden, das muss aber der Heilige Geist bewirken, nicht das gefallene menschliche Ego. Manchmal redet Gott in der Bibel direkt zum Leser, in vielen Fällen vermittelt er aber durch die Geschichten über die „Guten" und die „Bösen" in der biblischen Erzählung wichtige Weisheiten, die wir benötigen, um in den Kämpfen des Lebens bestehen zu können. Auch als Psychotiker kann ich meinen Nutzen daraus ziehen. Man denke an die vielen Psalmen, die zum Teil aus unbeschreiblicher Todesnot und allerlei der tiefsten seelischen Regungen entstanden sind. Die Psalmen haben mir in den schlimmsten Zuständen immer wieder Trost vermittelt. Doch nicht alles musste ich auf mich beziehen, die Bibel gibt auch allgemeine Ratschläge und Aussagen über andere Menschen.

Wenn Gott z. B. durch die Propheten im Alten Testament das Gericht über Israel ankündigte, dann muss ich das nicht unbedingt auf mich anwenden, wie ich es immer getan hatte. Die Propheten sprachen über reale Völker, auch über ihr eigenes Volk. Sie kündigten Strafe an und sprachen schwere Züchtigung aus, weil diese Personen schwer gegen Gott und ihre Mitmenschen gesündigt hatten. Das muss nicht unbedingt etwas mit mir zu tun haben, sondern dient mir heute als Warnung und zur Information, solche bösartigen Werke, die Gottes Gericht nach sich ziehen, nicht zu tun. Natürlich ist es für mich ein Stoppschild, nicht die gleichen Sünden zu begehen, aber das bedeutet nicht, dass Gott noch genauso in meinem Leben handelt wie er im Leben der alttestamentlichen Glaubenshelden gehandelt hat.

Gott hat durch Jesus Christus einen neuen Bund gemacht, den er jedem anbietet. Dieser Bund unterscheidet sich vom Bund am Sinai des Volkes Israel. Wir dürfen das Volk Israel nicht mit der Gemeinde (sie besteht aus Israeliten und Heiden) verwechseln. Ebenso müssen wir den alten vom neuen Bund trennen. Der alte Bund beinhaltete Segen bei Gehorsam und Strafe bei Abweichung von Gott und seinen Geboten. Der neue Bund ist hierbei offensichtlich viel komplexer, denn Gott straft nicht immer unmittelbar, sondern er geht eher erzieherisch wie ein Vater vor, nicht wie ein unbeteiligter Pädagoge in der Schule oder die Justiz (vgl. Gal 3,24). Die Bibel unterscheidet daher verschiedene Heilszeiten. In diesen unterschiedlichen Epochen stellte Gott sich unterscheidende Gebote auf. Während z. B. die Israeliten wegen ihrer verschiedenen Speisegebote kein Schweinefleisch essen durften, dürfen wir Gläubigen des Neuen Bundes durchaus Schweinefleisch zu uns nehmen. Wenn Gott sagt, dass Israel mit Gewalt gegen seine Feinde vorgehen darf (5Mo 7,1-2), dann gilt das aber nicht für die Gemeinde des Neuen Bundes, denn die Gemeinde wird aufgefordert, ihre Feinde zu lieben (Mt 5,43-48). Ich machte immer den Fehler, alle Aussagen der Bibel gleich schwer zu gewichten, aber die Bibel hat unterschiedliche Ebenen und Strukturen, diese erschließen sich durch intensives Studium unter der Anleitung des Heiligen Geistes, aber auch durch die in der Gemeinde eingesetzten Lehrer und Leiter, deren Predigten ich verstärkt im Internet anhörte, nachdem ich dieses bibeltreue Netzwerk, wie beschrieben, entdeckt hatte. Wir müssen also zuerst einmal verstehen, dass es ein Neues Testament gibt, welches sich vom Alten unterscheidet. Damit ist für uns die Gewichtung der Lehre, die die biblischen Apostel festlegten, verbindlich.

Man muss also unterscheiden: Wen spricht Gott an? Spricht er zu Israel, zu den heidnischen Nationen oder zur Gemeinde? Spricht er zu Völkern oder Gruppen, oder spricht er zu einzelnen Personen? Wie ist der geistliche Zustand der angesprochenen Menschen? Handelt es sich um Erlöste oder Nichterlöste? Handeln die Personen korrekt oder sündigen sie? Diese Dinge müssen beim Bibelstudium bedacht werden. Man kann nicht hergehen und wie ein kleines Kind alles auf sich beziehen, wie ich es in meiner Naivität tat!

Vor einiger Zeit schrieb ich einen Text dazu, der diese Sache näher erklärt:

Es freut einen Mann, wenn sein Mund eine richtige Antwort geben kann, und wie gut ist ein Wort, das zur rechten Zeit gesprochen wird!
(Spr 15,23)

Strebe eifrig danach, dich Gott als bewährt zu erweisen, als einen Arbeiter, der sich nicht zu schämen braucht, der das Wort der Wahrheit recht teilt.
(2Tim 2,15)

Wer sich erstmals in seinem Leben mit der Bibel be-
schäftigt, wird bald feststellen, dass die Bibel nicht
wie ein Roman oder ein Sachbuch geschrieben wurde.
Die Bibel ist in der Tat ein einzigartiges Buch. Sie
enthält wahre Geschichten, Poesie, Aussagen, Berich-
te, Weisheiten, Vorhersagen, Lieder, aber auch wis-
senschaftliche Fakten. Sie enthält Aussagen von Gott,
aber auch von Menschen und sogar von Tieren (4Mo
22,27-31). Natürlich dreht sich alles in der Bibel um
die großartige Geschichte eines großartigen Gottes
mit der Menschheit und den Erlösten. Von der Er-
schaffung des Kosmos bis zur neuen Schöpfung eines
neuen Himmels und einer neuen Erde. Wer begonnen
hat, die Bibel zu lesen, wird bald feststellen, dass er
nicht alles versteht. Manche Sätze werden ihn anspre-
chen, manche Aussagen werden ihn vor scheinbar un-
lösbare Rätsel stellen. Es kann auch sein, dass er auf
vermeintliche Widersprüche stößt oder auf für ihn
seltsame Behauptungen, die er anfangs gar nicht
glauben kann. Das ist jedoch kein Grund mit dem Stu-
dium aufzuhören. Meist lösen sich solche Probleme
mit der Zeit, wenn Gott Weisheit schenkt. Die Bibel
wird verstanden, wenn der Lesende den Heiligen
Geist hat und der Heilige Geist ihm nach und nach
die Bibel aufschließt. Zum Empfang des Heiligen
Geistes ist aber zuerst die Verkündigung des Evange-
liums der Bibel notwendig, d. h. man muss die bibli-
sche Botschaft von der Errettung von predigenden
Christen hören, verstehen und glauben, weil nur sie
zur Buße und Wiedergeburt führt.

Danach wird der Heilige Geist anfangen, den jungen

Gläubigen über die Bibel zu belehren. Man kann nicht genau erklären, wie der Heilige Geist solches Wissen konkret vermittelt, aber Er tut es. Der Gläubige ist dabei aber nicht nur auf Gott allein, sondern auch auf seine Mitgläubigen angewiesen, die von Gott dazu gebraucht werden, ihn in der christlichen Lebensführung zu unterrichten.

Im Reich Gottes gibt es auch Menschen mit verschiedenen geistlichen Ämtern und Gaben, die die Bibel zum Nutzen aller Gläubigen auslegen und erklären, wie z. B. Lehrer und Evangelisten. Man kann z. B. von einem Prediger in der örtlichen Gemeinde etwas lernen, Bücher von schon verstorbenen, aber auch lebenden Christen lesen oder sich durch bibeltreue Medien informieren. Wichtig ist dabei immer die Botschaft, die aus Worten besteht, Bilder sind hierbei nebensächlich, da sie mehr die Emotionen und weniger den Geist ansprechen.

In unseren Zeiten sehen wir uns unzähligen verschiedenen Lehren und Meinungen gegenüber. Es gibt extrem gefährliche Sekten mit christlichem Anstrich, welche zum Teil entsetzliche und haarsträubende Dinge behaupten und es gibt die liberale Theologie, die das Wort Gottes verworfen hat, weil sie es für erlogen betrachtet. In diesem großen Wirrwarr an Meinungen und Behauptungen hat der Teufel leichtes Spiel den Gläubigen zu verwirren, wenn dieser noch nicht so gut über geistliche Gesetzmäßigkeiten Bescheid weiß. Wenn der Teufel es nicht schafft, das Wort Gottes zu negieren und Gott der Lüge zu bezichtigen, dann

fängt er in der Regel an, das Wort Gottes so zu ver-
drehen und aus dem Gesamtzusammenhang herauszu-
lösen, dass am Ende das Gegenteil oder ein Zerrbild
von dem herauskommt, was Gott ursprünglich gesagt
hat. Ein Beispiel ist die Versuchung des Herrn Jesus
Christus in der Wüste in Mt 4,1-11.

Damit der Gläubige vor solchen Lügen und Halb-
wahrheiten geschützt bleibt, wird er nicht darum he-
rumkommen, die Bibel unter Gebet und mit Hilfe von
Gott intensiv zu studieren. Lesen und auch Hören ist
unabdingbar. Wer auf dem rechten Weg bleiben will,
muss sich intensiv mit dem Wort Gottes beschäftigen.
Und er muss genau hinhören.

Die meisten Irrlehren entstehen, wenn Bibelverse also
aus dem Gesamtzusammenhang gerissen werden. Will
man die einzelnen Verse richtig zuordnen, braucht
man zuerst einmal einen Gesamtüberblick über die
Heilsgeschichte vom Beginn der Bibel, dem 1. Buch
Mose, bis zum letzten Buch, der Offenbarung Jesu
Christi, auch Offenbarung des Johannes genannt. Da
die Geschichte Gottes mit der Menschheit sich über
Jahrtausende erstreckt und in verschiedene Zeitalter
eingeteilt wird, muss man sehr genau beachten, welche Gesetzmäßigkeiten zu welcher Zeit gelten. Gott
handelt nicht immer gleich. Er passt sich an die Ge-
gebenheiten und die Taten der zur jeweiligen Zeit lebenden Menschen an und reagiert auf ihr Verhalten
dementsprechend. So kann es gut möglich sein, dass
ein Gebot oder ein Befehl Gottes in einer früheren
Zeit zwar galt, dann aber bei einem späteren Zeit-

punkt abgeschafft oder durch ein neues Gebot ersetzt wurde. Nicht alles gilt zu jeder Zeit!

Im Alten Bund wurde z. B. bei einem schweren Vergehen manchmal die Todesstrafe vollzogen (3Mo 20,10), während im neuen Bund die selbe Person „nur" von der Gemeinde ausgeschlossen wird (1Kor 5,13). Oder Gott befahl etwas zu tun, was zu der jeweiligen Zeit notwendig war, dass sich dann aber in späteren Zeiten durch das Fehlverhalten bestimmter Menschen schädlich auswirkte, wie z. B. das Herstellen und Aufrichten der ehernen Schlange als Mittel zur Rettung (4Mo 21,9). Sie musste später aber wieder zerstört werden (2Kön 18,4), weil sie für den Götzendienst missbraucht wurde.

Es gibt aber auch feststehende Wahrheiten und Gesetzmäßigkeiten, die für alle Zeiten gelten, wie z. B. die ewigen Souveränität und Herrschaft Gottes über die Schöpfung (Dan 3,33) oder dass in Gott keine Finsternis ist (1Joh 1,5) und er nicht lügen kann (4Mo 23,19). Um zu diesem Wissensstand zu kommen sollten wir die Bibel vielleicht einmal von Anfang bis Ende durchlesen. Man kann dabei auch gute Kommentare zu Hilfe nehmen. Und wir brauchen in der Regel zuerst einen Gesamtüberblick.
Weil die Bibel aber auch in verschiedene Bücher (66 Stück) aufgeteilt ist, müssen wir wissen, was der Inhalt des jeweiligen Buches ist:

• *Wer ist der Autor?*
• *Wie lebte er?*

• *Wann lebte er?*

• *Wie waren die Lebensbedingungen in der jeweiligen Zeit?*

• *Was ist das Anliegen des Buches und des Autors, was will Gott uns mitteilen?*

• *Wer agiert im Buch, wie sah er Gott und wie sah Gott die Person(en)?*

• *Welchen Beruf hatte der Autor?*

• *Mit welchen Menschen hatte er zu tun?*

• *Welche Regierungsform herrschte zur jeweiligen Zeit?*

• *In welchem Heilszeitalter wurde das Buch verfasst?*

(...)

Diese und weitere Fragen sind wichtig. Der Prophet Jesaja lebte z. B. noch zur Zeit der von Gott eingesetzten Königsdynastien in Juda, als der Gottesdienst noch im Tempel stattfand. Der Prophet Daniel dagegen war etliche Jahre später mit dem Volk im Exil, während der Tempel mitsamt der Stadt Jerusalem zerstört dalag und strenge Heidenkönige über Israel herrschten. Beide Propheten unterscheiden sich daher nicht nur in ihrer jeweiligen Botschaft und ihrem zeitlichen Auftrag, sondern auch in ihren Handlungen. Jesaja predigte hauptsächlich Buße und Umkehr, aber auch über die Zukunft Israels. Daniel verkündete sehr viel über Heidenvölker und ihre Zukunft.

Weiter unterscheiden sich auch die Familienverhältnisse der Propheten. So musste z. B. der Prophet Jeremia ledig bleiben (Jer 16,2), während Hosea eine hurerische Frau heiraten musste (Hos 1,2). Gott gab auch hierbei zu unterschiedlichen Zeiten unterschiedliche Befehle.

Weiter sollte man sich die Frage stellen, wer mit welcher Aussage gemeint ist. Spricht die Bibel zu einer bestimmten Person, zu einem Heidenvolk, zum auserwählten Volk Israel oder zur Gemeinde des Neuen Testaments? Gott hat dem auserwählten Volk Israel eine andere Aufgabe in der Welt gegeben als der christlichen Gemeinde. Israel hat irdische Verheißungen. Die Gemeinde, bestehend aus Juden und Heiden durch all die vergangenen Jahrhunderte, seit es sie gibt, hat himmlische Verheißungen. Daher verwundert es auch nicht, dass Israel andere Gebote zu befolgen hat als die Gläubigen des Neuen Bundes nach Pfingsten.

Wir sehen also, dass wir nicht leichtfertig mit der Bibel umgehen können. Wir müssen sie sehr genau studieren, um zu unterscheiden, welcher Befehl und Aussage für wen gilt.

Gott spricht natürlich auch uns persönlich an. Die Bibel hat in erster Linie uns etwas zu sagen. Und dazu müssen wir bereit sein, uns von Gott korrigieren zu lassen. Wir müssen uns unter das Wort stellen, d. h. wir müssen anerkennen, dass wir nicht so vollkommen sind, um über Gottes Wort zu urteilen; sondern wir müssen Gottes Wort zugestehen, dass es über uns urteilt, weil es vom unfehlbaren Gott kommt:

Denn das Wort Gottes ist lebendig und wirksam und schärfer als jedes zweischneidige Schwert, und es dringt durch, bis es scheidet sowohl Seele als auch Geist, sowohl Mark als auch Bein, und es ist ein Richter der Gedanken und Gesinnungen des Herzens.
(Hebr 4,12)

Durch die Bibel zieht sich außerdem ein roter Faden. Die ganze Bibel weist uns auf den Erlöser Jesus Christus hin. Von seiner Ankündigung im Garten Eden geht die Geschichte bis zu seinem ersten Kommen als der leidende Messias und wird weitererzählt bis zu seinem zweiten Kommen als der herrschende Messias. Das ist das Hauptthema der Bibel. Jesus Christus sagte zu seinen Zeitgenossen daher:

Ihr erforscht die Schriften, weil ihr meint, in ihnen das ewige Leben zu haben; und sie sind es, die von mir Zeugnis geben.
(Joh 5,39)

Ein intensives und genaues Studium der Bibel schützt uns dann vor der Gefahr der falschen Interpretation und Auslegung, weil es uns die Wahrheit erklärt.

Nur durch Jesus Christus

Wie konnte ich zu diesem Wissen kommen? Es war das Resultat dessen, dass ich anfing, Jesus Christus im Gebet anzurufen. Ich redete nicht mehr zu dem

Geist, der mir im Schlafzimmer erschienen war, sondern ich rief zum biblischen Jesus Christus. Die Bibel sagt aus, dass es wichtig ist, Jesus Christus mit seinem Namen anzurufen:

Und es soll geschehen: Jeder, der den Namen des Herrn anruft, wird errettet werden.
(Apg 2,21)

(Parallelstellen: Röm 10,13; Joel 3,5)

Im Namen des Herrn Jesus Christus liegt Kraft:

Und es ist in keinem anderen das Heil; denn es ist kein anderer Name unter dem Himmel den Menschen gegeben, in dem wir gerettet werden sollen!
(Apg 4,12)

Wenn wir die richtige Adresse (bildlich gesprochen) anwählen, kommen wir zum richtigen Empfänger. Wenn Jesus Christus in unser Leben kommt, dann wird er Licht hineinbringen. Damit geht einher, dass er unser Denken anspricht und uns in den angesprochenen Denkweisen zur Umkehr (Buße) leitet. Wir werden dann unsere Sünden erkennen und bekennen, damit Jesus Christus sie vergeben kann und uns für die Zukunft zu echten Nachfolgern erziehen kann. So gehen wir in der göttlichen Wahrheit, durch die wir von Süchten, schlechten Gewohnheiten und Gebundenheiten frei werden können, weiter. Jesus Christus sagte z. B.:

Da sprach Jesus zu den Juden, die an ihn glaubten: Wenn ihr in meinem Wort bleibt, so seid ihr wahrhaftig meine Jünger, 32 und ihr werdet die Wahrheit erkennen, und die Wahrheit wird euch frei machen! 33 Sie antworteten ihm: Wir sind Abrahams Same und sind nie jemandes Knechte gewesen; wie kannst du da sagen: Ihr sollt frei werden? 34 Jesus antwortete ihnen: Wahrlich, wahrlich, ich sage euch: Jeder, der die Sünde tut, ist ein Knecht der Sünde. 35 Der Knecht aber bleibt nicht ewig im Haus; der Sohn bleibt ewig. 36 Wenn euch nun der Sohn frei machen wird, so seid ihr wirklich frei.
(Joh 8,31-36)

Diese Aussagen aus Johannes, Kapitel 8, zeigen auf, dass die Wahrheit frei macht. Wenn ich die Wahrheit erkenne und sie auf mein Leben anwende, dann führt Jesus Christus mich durch seinen Geist auf freies Gebiet (sinnbildlich), emotionale Lasten fallen dann von meiner Seele ab und ich muss nicht mehr ängstlich und besorgt sein. Mein Leben ordnet sich. Meine Seele kann wieder aufatmen und ich habe wieder Perspektiven und Hoffnung für die Zukunft. So habe ich es zumindest erlebt. Nachdem ich Jesus Christus also angerufen hatte, zeigte er mir die Wahrheit über die Bibel und über mich durch den Heiligen Geist und ich wurde viele Lasten los. Es war jedoch ein sehr langer und oft auch schwieriger Prozess, da ich als Mensch nur sehr langsam dazulerne. Meist war ich selber daran nicht unschuldig, weil ich einen Schritt vor und zwei zurück machte. Manchmal ging es zäh voran, denn ich bin ein Mensch, der in der Regel lange braucht, um eingefahrene Gewohnheiten grundlegend und bleibend zu verändern. Doch Jesus Christus hatte Geduld mit mir.

Bibelstechen und Deutung von Zahlen

Ich profitierte also von vielen bibeltreuen Predigern, die ihr Material zum Teil kostenlos veröffentlichten. So bildete sich mit der Zeit ein gutes Fundament an Bibelwissen, das mir half, mein Leben neu zu strukturieren. Damit begann sich auch mein verrückter Verstand zu ordnen. Ich konnte zunehmend wichtige Dinge des Lebens von den weniger wichtigen trennen. Dazu kam, dass ich die schädlichen Verhaltensweisen, die einen okkulten Hintergrund hatten, ablegen konnte. So beendete ich nach langen Kämpfen das Bibelstechen, welches mich schier an den Rand der völligen Verzweiflung gebracht hatte. Bibelstechen ist in meinen Augen heute eine zutiefst okkulte Praktik, die unter dämonische Leitung führen kann. Das greife ich in einem Text auf, den ich vor ein paar Jahren schrieb. Hierin erkläre ich, warum diese Praktik so schädlich ist:

„Ein schwäbischer Pietist pflegte den Sonntag mit Bibelstechen zu beginnen. Beim ersten Stich geriet er an Mt 27,5: „Und Judas ging hin und erhängte sich." – Klingt wenig erfreulich, also ein erneuter Anlauf. Nun wurde es dem ernsten Bibelforscher noch unbehaglicher: „Gehe hin und tue desgleichen!" (Lk 10,37) – Das dritte Stechen ließ den frommen Mann

an Gottes weiser Führung verzweifeln: „Was Du tust, das tue bald!" (Joh 13,27)."

Ob diese Geschichte wahr ist oder nicht, weiß ich nicht genau – auf jeden Fall zeigt sie, wie man durch das Bibelstechen buchstäblich in Teufels Küche kommen kann.
Wer kennt das nicht? Man befindet sich in seinem Leben vor einer Weggabelung und weiß nicht weiter. Vielleicht hat man Fragen wie diese:

„Soll ich diesen oder jenen Beruf ergreifen?"

„Soll ich diese oder eine andere Person heiraten?"

„Soll ich da oder dort in den Urlaub hinfahren?"

„Soll ich Missionar werden?"

In solchen Fällen wäre es jetzt wichtig, wenn man wissen würde, was Gottes Wille ist und was er einem raten würde. Denn die Gefahr besteht, dass man eine falsche Entscheidung trifft und diese dann vielleicht verheerende Konsequenzen nach sich ziehen könnte.

Manche „Christen" meinen die Lösung darauf gefunden zu haben. Sie stellen eine Frage an Gott, schlagen die Bibel dann willkürlich auf und deuten den ersten Text, den sie finden, als Antwort Gottes.

Schon im Altertum benutzten die Könige und Regierenden ihre Wahrsager und Orakel. Als Krösus, der letzte König von Lydien, in den Krieg ziehen wollte, befragte er das Orakel von Delphi. Er bekam die Antwort:

„Wenn du den Halys überschreitest, wirst du ein großes Reich zerstören."

Er deutete diese doppeldeutige Antwort als Aufruf, in den Krieg zu ziehen. Er gewann jedoch nicht, sondern verlor und wurde vom gegnerischen König Kyros entweder gefangen genommen oder umgebracht. Die Geschichtsschreiber sind sich hier nicht einig.

Das Bibelstechen ist nichts anderes als heidnische Wahrsagerei mit christlichem Anstrich. Beim Bibelstechen will man von Gott eine Antwort erzwingen, und das ist nichts anderes als das Wesen der Magie. Ziel der Magie ist es, Macht über Gott oder Macht über Geister zu erlangen und sie für seine eigenen Zwecke zu benutzen. Das erinnert an den Zauberer Simon, der über den Heiligen Geist verfügen wollte und vom Apostel Petrus deswegen scharf zurecht gewiesen wurde (Apg 8,5-25). Beim Bibelstechen versucht man Gott eine Antwort abzugewinnen, obwohl man nicht weiß, ob Gott überhaupt eine Antwort geben will oder nicht:

Da sprach Jesus zu ihm: Wiederum steht geschrieben: »Du sollst den Herrn, deinen Gott, nicht versuchen!«
(Mt 4,7)

Vielleicht will ja Gott nicht antworten und will keine direkte Wegweisung geben. Vielleicht will er ja gerade, dass man eigene Entscheidungen trifft!

Gott verfolgt nicht das Ziel, dass wir vor jeder schwierigen Frage zu ihm kommen und ein Zeichen fordern sollen, sondern dass wir mündige Menschen werden, die ihre eigenen Entscheidungen an Gottes Wort festmachen. Die Bibel soll deswegen nicht zu einem Wahrsagebuch werden, sondern zu einem Studienbuch.

Wir brauchen Gottes Wort, um richtige Entscheidungen zu treffen, darum sollen wir auch viel in der Bibel lesen und darin forschen:

Laß dieses Buch des Gesetzes nicht von deinem Mund weichen, sondern forsche darin Tag und Nacht, damit du darauf achtest, alles zu befolgen, was darin geschrieben steht; denn dann wirst du Gelingen haben auf deinen Wegen, und dann wirst du weise handeln!
(Jos 1,8)

Wenn wir die Bibel als Studienbuch nehmen und sie mit System lesen, werden wir immer mehr Zusammenhänge erkennen. Dadurch wird unser Geist getrimmt, die richtigen Entscheidungen zu treffen, um selber den richtigen Weg, den wir dann erkannt haben, einzuschlagen. Daher ist es wichtig, dass man die Bibel ausführlich und genau studiert, bevor die wichtigen Weggabelungen im Leben kommen, denn dann kann man selber entscheiden, welches möglicherweise die bessere Entscheidung ist.

Im Alten Bund konnte man Gottes Willen noch durch Lose erfragen, durch die Propheten und durch Urim und Thummim (2. Mo 28,30). Im neuen Bund ist das nicht mehr so. Denn der Heilige Geist wohnt in den echten Christen und will sie leiten:

Wenn aber jener kommt, der Geist der Wahrheit, so wird er euch in die ganze Wahrheit leiten; denn er wird nicht aus sich selbst reden, sondern was er hören wird, das wird er reden, und was zukünftig ist, wird er euch verkündigen.
(Joh 16,13)

Wir finden außerdem kein Beispiel in der Bibel, in dem Gott vorschreibt, seinen Willen durch willkürliches Aufschlagen der Bibel zu erfragen.

Bibelstechen ist Wahrsagerei und es kann sein, dass man bei dieser Praktik die dunklen Mächte anzapft und sie dann Antworten geben, die Gottes Willen aber entgegenstehen:

Es soll niemand unter dir gefunden werden, der seinen Sohn oder seine Tochter durchs Feuer gehen läßt, oder einer, der Wahrsagerei betreibt oder Zeichendeuterei oder ein Beschwörer oder ein Zauberer,
(5Mo 18,10)

Hinter der Wahrsagerei steckt der Teufel. Wenn man dem Teufel zu viel Raum gibt, dann findet er Einzug in das Leben. Das kann auch Gläubigen passieren. Auch durch Bibelstechen.

Daher: Lesen Sie die Bibel mit System. Studieren Sie sie jeden Tag, damit Sie, wenn wichtige Entscheidungen anstehen, den richtigen Weg abwägen und wählen können. Dieses Wissen wird dann der Heilige Geist benutzen, um Sie richtig zu führen.
Auch folgender Vers könnte Ihr eigener werden:

Befiehl dem Herrn deinen Weg, und vertraue auf ihn, so wird er es vollbringen.
(Ps 37,5)

Wenn wir nicht wissen, welchen Weg wir einschlagen sollen, dann können wir dem Herrn unseren Weg anbefehlen. Wir entscheiden dann selber und überlassen die Führung und die Konsequenzen dem Herrn. Manchmal müssen wir im Leben auch Risiken eingehen und schwierige Entscheidungen selber treffen!
Wenn wir das tun, sind wir immer auf der sicheren Seite. Haben wir vielleicht dann doch eine falsche Entscheidung getroffen, wird uns Gott dann wieder auf den richtigen Weg zurückbringen.

Gott hasst Wahrsagerei. Dazu gehört auch das Deuten von Zahlen im Alltag. Natürlich ist es wahr, dass Gott etlichen Zahlen, die in der Bibel auftauchen, eine Bedeutung beimisst. So wird z. B. die Zahl Sechs dem Menschen zugerechnet, da er am sechsten Tag geschaffen wurde. Die Zahl Sieben steht für die vollkommene Zahl Gottes, die Zahl Acht bedeutet einen Neuanfang. Es gibt viele Zahlen in Gottes Wort mit einer Bedeutung, aber das soll uns doch nicht dazu verleiten, dass wir jetzt jeder Zahl, die uns im Alltag über den Weg „läuft", einen geistlichen Wert beimessen müssen. Solch ein Denken führt ins totale Chaos. Man lässt sich dabei nicht mehr vom Verstand und vom Heiligen Geist leiten, sondern nur noch von Zahlen und Symbolen. Das kann in die völlige Verzweiflung führen, wie es bei mir mehrmals der Fall war. Höchstwahrscheinlich macht sich das auch der Teufel zu Nutze. Wir sollen über das Wort Gottes nachdenken und unser Handeln an ihm ausrichten und uns vom Heiligen Geist leiten lassen:

der Beistand aber, der Heilige Geist, den der Vater senden wird in meinem Namen, der wird euch alles lehren und euch an alles erinnern, was ich euch gesagt habe.
(Joh 14,26)

Meine Schafe hören meine Stimme, und ich kenne sie, und sie folgen mir nach;
(Joh 10,27)

Alle Schrift ist von Gott eingegeben und nützlich zur Belehrung, zur Überführung, zur Zurechtweisung, zur Erziehung in der Gerechtigkeit, 17 damit der Mensch Gottes ganz zubereitet sei, zu jedem guten Werk völlig ausgerüstet.
(2Tim 3,16.17)

Lassen wir uns also vom Wort Gottes und nicht von Zahlen leiten.

Golgatha

Als nächstes musste ich lernen, völlig neu im Hinblick auf die Erlösung zu denken. Gott hatte mir immer Angst gemacht. Ich hatte große Angst, dass Gott mich nicht mehr lieben würde, oder dass ich von ihm abfallen und sündigen würde und somit in die Hölle käme. Aber nachdem ich Jesus Christus angenommen hatte, den ich zuvor immer abgelehnt hatte, wusste, bzw. lernte ich, dass es nicht auf *mich* und *meine* Treue ankommt, sondern nur auf das, *was Jesus Christus für mich* auf Golgatha getan hat. Jesus Christus starb am Kreuz für meine große Schuld, das soll mir ein Zeichen sein, dass Gott es gut mit mir meint. Zudem bin ich mit Gott dadurch versöhnt worden und nicht durch *meine* Werke und *meine* Buße, sondern nur *durch das Werk von Jesus Christus*. Diese Erkenntnis nahm mir viel von meinem Leistungsdruck weg. Meine Entscheidung, die Haare abzurasieren und mich zu demütigen war vollkommen falsch gewesen. Damit ging unnötiges Leid einher.

Das Heil hängt nicht von mir ab, sondern davon, dass Jesus Christus das Werk, welches er in mir begonnen hat, vollendet:

weil ich davon überzeugt bin, dass der, welcher in euch ein gutes Werk angefangen hat, es auch voll-

enden wird bis auf den Tag Jesu Christi.
(Phil 1,6)

Paulus sagte an mehreren Stellen wie z. B. auch in Phil 1,6, dass es in erster Linie auf Christus ankommt, wenn es um das Glaubensziel geht, weniger auf uns. Die ganze Bibel ist eine Sammlung von Aussagen, dass Gott uns liebt, uns nachgeht und uns die Treue hält:

Aber der Herr ist treu; er wird euch stärken und bewahren vor dem Bösen.
(2Thess 3,3)

<u>Die erschütternde Erkenntnis</u>

Durch mein Bibelstudium und die dringlichen Gebete zu Gott traf mich eines Tages die erschütternde und zutiefst harte und demütigende Erkenntnis, dass ich nicht nur ein falscher Arbeiter im Reich Gottes war, sondern auch einen anderen Geist als den Heiligen Geist angenommen hatte. Genau wie diejenigen, die mich unterwiesen hatten: mein Freund, der Missionar und sein Nachbar. Wir hatten dabei dem Teufel gedient, ohne es zu merken. Der Vatergeist im Schlafzimmer war nicht Gott gewesen. Folgender etwas ältere Text von mir, den ich hier einfüge, spricht davon:

Ein anderer Jesus, ein anderer Geist und ein anderes Evangelium

Denn wenn der, welcher [zu euch] kommt, einen an-

*deren Jesus verkündigt, den wir nicht verkündigt
haben, oder wenn ihr einen anderen Geist emp-
fangt, den ihr nicht empfangen habt, oder ein anderes Evangelium, das ihr nicht angenommen habt, so
habt ihr das gut ertragen.*
(2Kor 11,4)

*Man kann meinen, man sei ein Christ. Man kann mei-
nen, dass man mit Gott unterwegs ist und trotzdem
kann man nicht errettet sein. Man kann mit der Bibel
in der Hand missionieren und trotzdem nicht für Gott
arbeiten. Dies kann man nicht nur an den Zeugen Je-
hovas erkennen, sondern auch an Menschen, die sich
in normalen christlichen Gemeinden befinden. Ich
war jahrelang mit der Bibel unterwegs, glaubte Gott
zu dienen und war jedoch weit von Jesus entfernt. Ich
predigte einen „Gott". Ich predigte und es geschahen
Zeichen und Wunder. Meine äußeren Sünden hatte ich
abgelegt. Damals war ich stolz darauf, nicht mehr zu
rauchen, nicht mehr zu trinken und keine Unzucht
(außerehelichen Geschlechtsverkehr) mehr zu treiben.
Dieser „Erfolg" über meine Laster und die übernatürlichen Dinge, die ich erlebte, nahm ich als Bestätigung dafür, dass ich Christ sein müsste. Trotzdem war
ich genauso weit von Gott entfernt wie ein Ungläubi-
ger.*

*Die Bibel zieht, wie schon erklärt, in Betracht, dass
es ein Scheinchristentum gibt, durch das Menschen
der Weg zum echten Glauben an Jesus Christus ver-
sperrt wird oder sie davon abirren. Häufig wird dieses falsche Christentum durch Führungspersonen und*

Leute, die sich als besonders befähigt und besonders gesalbt ansehen, vertreten. Der Text aus 2.Kor 11,4 sagt, dass möglich ist, religiös zu erscheinen, einen „Jesus" zu predigen, ein „Evangelium" zu haben, einen „Geist" weiterzugeben und trotzdem nicht in Gottes Willen zu sein.

Die Bibel zeigt uns an mehreren Stellen, wie dieses unechte Christentum aussieht. An diesen bestimmte Aussagen können wir entlarven, was in der Gemeinde falsch läuft, und was unecht ist. Zum einen wird das falsche Christentum durch Menschen verkündet, die sich als Apostel, als Propheten, als Lehrer und sogar als Christusse ausgeben. Ein Merkmal dieser falschen Arbeiter ist ihre Prahlerei und ihr Streben nach Superlativen. Paulus nennt sie unter anderem „falsche Apostel".

Denn solche sind falsche Apostel, betrügerische Arbeiter, die sich als Apostel des Christus verkleiden. 14 Und das ist nicht verwunderlich, denn der Satan selbst verkleidet sich als ein Engel des Lichts. 15 Es ist also nichts Besonderes, wenn auch seine Diener sich verkleiden als Diener der Gerechtigkeit; aber ihr Ende wird ihren Werken entsprechend sein.
(2Kor 11,13-15)

Solche Leute nehmen für sich in Anspruch, von Gott gesandte Apostel zu sein, die Lehren festlegen können und Autorität in Anspruch nehmen, die sonst nur Apostel haben. Wir wissen jedoch, dass nur von Jesus Christus bestätigte (!) Apostel dieses Amt ausführen dürfen. Es gab zwölf Apostel, die Jesus Christus in seinem irdischen Leben erlebt hatten und nur noch den Apostel Paulus, der speziell von Jesus Christus auserwählt war, bevorzugt die Heiden zu missionieren. Diese waren von Gott eingesetzte Männer, die von Jesus selbst gelehrt worden waren und Sein Wirken hautnah miterlebt hatten, die außerdem auch das Neue Testament aufschreiben sollten und dabei vom Heiligen Geist geleitet wurden. Sie taten dies in völliger Abhängigkeit von ihrem HERRN Jesus Christus.

Schon zur Zeit der ersten Gemeinden, traten Männer und vielleicht auch Frauen auf, die behaupteten Apostel Jesu Christi zu sein. Sie taten dies jedoch nicht aus Liebe zu den Brüdern, wie die echten Apostel, sondern um im Rampenlicht zu stehen und um Ruhm, Ehre und auch Geld zu bekommen.

Sie eifern um euch nicht in edler Weise, sondern wollen euch ausschließen, damit ihr um sie eifert.
(Gal 4,17)

Alle, die im Fleisch wohlangesehen sein wollen, nötigen euch, daß ihr euch beschneiden laßt, nur damit sie nicht um des Kreuzes des Christus willen verfolgt werden.
(Gal 6,12)

Diese Leute stifteten mit ihren falschen Lehren Verwirrung und Unordnung in den Gemeinden. Sie rühmten sich, sie eiferten um Anerkennung und wollten wohl angesehen sein. Es ging ihnen nicht um die Ehre

Gottes sondern um ihre eigene Ehre. Hinter diesen Männern und Frauen steckte ein anderes Evangelium, ein anderer Christus und ein anderer Geist. Der zweite Brief des Petrus und der Brief des Judas, des Bruders des HERRN, sind scharfe Auseinandersetzungen mit diesen Menschen.

Ein weiteres Merkmal dieser Leute ist, dass sie sich verführen lassen und verführt werden. Als ich ein solcher Irrlehrer war, verführte ich andere und wurde von anderen zum Irrtum verführt. Ich sprang dabei auf jeden neuen „Trend" in den Gemeinden an und ändert dabei ständig meine Einstellung und mein Glaubensfundament. An einem Sonntag hatte ich diese Meinung, am nächsten Sonntag eine andere. Es gab nichts Beständiges.

Böse Menschen aber und Betrüger werden es immer schlimmer treiben, indem sie verführen und sich verführen lassen.
(2Tim 3,13)

Denn solche dienen nicht unserem Herrn Jesus Christus, sondern ihrem eigenen Bauch, und durch wohlklingende Reden und schöne Worte verführen sie die Herzen der Arglosen.
(Röm 16,18)

Menschen, die eine solche niederträchtige, böse Gesinnung haben und dem Irrtum verfallen sind, ziehen sich gegenseitig an – gleich zu gleich gesellt sich gern, wie der Volksmund sagt. Dies habe ich früher *auch erlebt. Nicht nur ich war verführt, sondern ich zog auch irgendwie, auf merkwürdige, „magische" Weise Leute an, die ebenfalls pseudo-christliche oder anti-christliche Lehren verbreiteten, so wie ich. Die Worte Jesu, dass das Reich Satans nicht mit sich selbst uneins sein kann, werden hier deutlich.*

Wenn aber auch der Satan mit sich selbst uneins ist, wie kann sein Reich bestehen?
(Lk 11,18a)

Ein weiteres Merkmal dieser Leute ist, dass sie häufig eine charismatische Persönlichkeit ausstrahlen und religiös erscheinen können. Sie wirken anziehend auf die Menschen durch ihr beeindruckendes Auftreten und ihr Gehabe. Dabei sind sie jämmerliche Menschen, wenn man hinter die Kulisse schaut.

dabei haben sie den äußeren Schein von Gottesfurcht, deren Kraft aber verleugnen sie. Von solchen wende dich ab!
(2Tim 3,5)

Denn das weiß ich, daß nach meinem Abschied räuberische Wölfe zu euch hineinkommen werden, die die Herde nicht schonen; 30 und aus eurer eigenen Mitte werden Männer aufstehen, die verkehrte Dinge reden, um die Jünger abzuziehen in ihre Gefolgschaft.
(Apg 20,29)

Viele falsche Christen, mit denen ich früher zusam-

men war, waren charismatische Persönlichkeiten. Es waren Leute, die eine besondere Ausstrahlung hatten. Wir hielten uns für besondere Leute, für besonders von Gott beauftragt und mit großer Vollmacht ausgestattet. Dies strahlte nach außen und zog die Leute an. - Der Teufel wird ja auch Luzifer, Engel des Lichts genannt, der blendet und gibt einen falschen Schein. - Ja, so war es auch bei uns ein falscher, trügerischer Schein; denn wir konnten den Menschen kein Wasser geben, wie Petrus es einmal sagt:

Diese Leute sind Brunnen ohne Wasser, Wolken, vom Sturmwind getrieben, und ihnen ist das Dunkel der Finsternis aufbehalten in Ewigkeit.
(2Petr 2,17)

Wir konnten den Durst der Leute nach dem echten Evangelium nicht stillen, weil wir das echte Evangelium nicht verkündeten; daher waren wir wie Brunnen ohne Wasser. Wenn man durstig ist, braucht man Wasser. Wenn man neben einem Brunnen steht, der kein Wasser hat, dann ist dieser Brunnen nutzlos, enttäuschend. Genauso nutzlos und enttäuschend waren unsere Worte, unser hohles Gerede.

Denn mit hochfahrenden, leeren Reden locken sie durch ausschweifende fleischliche Lüste diejenigen an, die doch in Wirklichkeit hinweggeflohen waren von denen, die in die Irre gehen.
(2Petr 2,18)

Einzig unser Ego erhielt Auftrieb – das die Bibel u.a.

auch „Fleisch" nennt – weil wir so gut bei den Men-
schen ankamen. Wir steigerten unser Gehabe und
stellten uns immer mehr in den Mittelpunkt. Die Nöte
der anderen Menschen waren uns weitgehend egal.

Die Briefe der Apostel entlarven also die Gesinnung
und die Lügen, die diese Menschen verbreiten. Wenn
man das ganze Neue Testament liest, in dem der Heili-
ge Geist Gottes das Wort führt, dann wird man erken-
nen, dass sogar in weiten Teilen der Briefe über Irr-
lehren und Verführer geschrieben und vor ihnen ge-
warnt wird. Jemand, der selbst darin verstrickt ist, er-
kennt das nicht. Wenn man ihn dann aber darauf an-
spricht, dann wird er entweder weinerlich oder ag-
gressiv reagieren, denn insgeheim leidet er an einem
sehr großen Stolz und wird bei Kritik gekränkt reagie-
ren. Genauso war es auch bei mir und den Anderen.
Wir reagierten entweder beleidigt oder entrüstet auf
die berechtigten Nachfragen wegen unserer Echtheit.

In einer solchen Lage, einem solchen Zustand, hilft
nur echte Buße, ein echter Zerbruch des Bisherigen
und eine echte Reue über all die Schuld, all das Ver-
sagen, all das schändliche Tun. Etwas anderes gilt
vor Gott nicht; denn erst wenn wir alles darangege-
ben haben, unser Unvermögen auf der ganzen Linie
eingestanden haben, können wir Vergebung erfahren.
Dann wird uns die Liebe Jesu, der am Kreuz für all
unsere Schuld starb, freimachen und aufrichten.

Das Gefährliche und Hinterlistige an teuflischer Ver-
führung ist, dass der Verführte ja sogar meinen kann,

er würde Gott dienen, Gott wäre ihm begegnet. So wie ich es ja auch gedacht hatte. Genau wie meine früheren Freunde, die auch nicht merkten, dass sie verführt worden waren. Viele dienten auch nicht Gott, sondern dem Teufel.

Es gibt einen Namen für diesen fremden Geist

Einen solchen merkwürdig verführten, verschobenen, pseudo-christlichen Geist im Leben des „Gläubigen" nennt man „Schwarmgeist". Die Auswirkungen davon, so haben Christen festgestellt, beinhalten genau dieselben geschilderten Phänomene, wie ich sie auch erlebt habe.

Der folgende Text nach dem inzwischen verstorbenen Rudi Holzhauer beschreibt die Eigenschaften des Schwarmgeistes in sehr deutlicher Art. Der Text, „Der falsche heilige Geist", wurde aus der Zeitschrift „Komm!" Nr. 54 abgeschrieben und befindet sich dort auf Seite 3 bis 5.

(Zu finden unter:
http://l-gassmann.de/media/wysiwyg/Content/Komm/Komm_54.pdf)

„Schwarmgeist ist ein Infekt und keine ›Erkenntnisrichtung‹! Er dringt grundsätzlich von außen ein. Niemals entsteht er von selbst bei nüchterner Verkündigung und Wortbetrachtung und bei einem gesunden Glaubensleben. Irrige Vorstellungen in bezug auf die Lehre, die Prophetie und den Heilsplan Gottes kön-

nen jedem unterlaufen; das ist keine Schwärmerei, sondern menschlicher Irrtum. Der Schwarmgeist ist außerbiblische Inspiration, weil er die satanische Nachbildung des Heiligen Geistes ist! Gerade das macht ihn so schwer durchschaubar und gefährlich. Hier handelt es sich um eine Einflussnahme fremder Mächte und irreführender Geister.

Schwarmgeist wird in jedem Fall übertragen, wenn man dafür offen ist. Dies geschieht in der Regel durch Handauflegung oder durch sonstige schwärmerische Praktiken: nächtelanges ›Durchbeten‹, Fasten zum Zweck des Geistesempfanges, Konzentrationsübungen, transzendentale Meditation, endloses Wiederholen des Namens Jesu, Anrufen des Geistes, des Blutes Jesu, unter das Blut Jesu stellen, ekstatische Singen und dergleichen mehr.

Schon das Lesen mystisch-schwarmgeistiger Literatur kann medial veranlagte Personen in Gefahr bringen. Dazu gehören u. a.: Lorber-Schriften Dudde-Schriften, Schriften von Madame Guyon, Swedenborg-Werke und alles übrige außerbiblische Schrifttum über jenseitig-okkulte Dinge, kurz: alle spiritualistische Literatur und alles, was auf dem pfingstlich-schwarmgeistigen Markt an Büchern und Schriften angeboten wird. Sachliche Diskussionen und brüderliche Aussprachen mit vom Schwarmgeist infizierten Personen sind von jeher erfolglos verlaufen. Das ist nicht nur meine Erfahrung, sondern auch die der Brüder der deutschen Gemeinschaftsbewegung. Der schwärmerische Bruder steht unter dem ›Sonderstatus der Er-

leuchtung‹, somit ist er unangreifbar und unbelehr-bar!

Aber auch im harmlosesten Fall ist eine Gemein-schaft mit schwärmerisch-pfingstlich veranlagten Ge-schwistern schon deswegen so problematisch und bei-nahe unmöglich, weil das Zeugnis der Schrift auf die Lehre vom Heiligen Geist im allgemeinen und das Verständnis der sogenannten Geistesgaben im beson-deren, buchstäblich reduziert wird.

Kräftige Irrtümer (2Tim 2,11)

Einer der folgenschwersten Irrtümer in frommen Kreisen ist die rein subjektive Schriftauffassung, wie sie besonders bei Schwärmern anzutreffen ist. Man tut so, als lebten wir heute noch in der Apostelge-schichte oder vor Golgatha. Einerseits ignoriert man, dass Satan ein besiegter Feind ist, und versucht, ihn in eigener Kraft und Vollmacht zu bekämpfen, (man treibt Dämonen aus, wo keine sind!), andererseits fällt man in seiner Wundersucht auf alle satanischen Verführungskünste blind herein, indem man seine ›Wunder der Lüge‹ (2Thess 2,9) als göttliche Wirkun-gen ansieht. Das biblische Zeugnis von der frommen Verführung am Ende der Tage wird entweder nicht be-achtet oder irrig umgedeutet. Viele Gotteskinder unse-rer Tage nehmen alles Wundersam-Übernatürliche als vom Heiligen Geist gewirkt ungeprüft und unbe-denklich hin; zum Teil aus Furcht, den Geist zu betrü-ben, zum anderen, weil sie von ihrem falschen Bibel-verständnis her nicht in der Lage sind, die Geister zu unterscheiden. Somit hat Satan ›grünes Licht‹, sein verführerisches und zerstörendes Werk mitten in der Gemeinde in unvorstellbarem Ausmaß zu betreiben.Vergessen wir nicht: Der Teufel kommt für fromme Menschen zunächst nicht mit unbiblischen Dingen. Er platziert sie aber an der falschen Stelle und präsentiert sie zum falschen Zeitpunkt. Hier wäre noch ein warnendes Wort zum Missbrauch der Handauflegung zu sagen, die in schwarmgeistigen Kreisen unbedenklich und allzu freimütig zum Zweck der Segnung, der Heilung oder der Gabenvermittlung, praktiziert wird. Ernstzunehmende Brüder mit Erfahrung bezeichnen das voreilige Handauflegen als eine Sucht, die schon als geistliche Hurerei bezeichnet werden könnte, weil hier unkontrollierbare Mentalkräfte und unbereinigte Sünden durch den leiblichen Kontakt unmittelbar übertragen werden. Nicht nur der Handauflegende ist nach 1Tim 5,22 durch ›Teilhaftigwerden fremder Sünden‹ in Gefahr, auch der Empfangende und scheinbar ›Gesegnete‹ kann durch solcherlei Praxis direkt belastet werden. Es ist übrigens eine bekannte Tatsache, dass heute durch ›segnende‹ Handauflegung in der Gemeinde mehr Menschen belastet werden als durch die Beschäftigung mit okkulten Praktiken.

Unterscheidungsfähigkeit in der Beurteilung von Geisteswirkungen ist eine der wichtigsten Voraussetzungen zum geistlichen Überleben in der Endzeit. Geisteswirkung und Leitung ist darum niemals drängerisch-nötigend, auch nicht überfordernd- unlogisch, weil sie unseren Verstand nicht übergeht, son-

dern einbezieht. Geistesmenschen unterstellen sich zwar bewusst der Führung des Geistes, weil sie in ihren Vorentscheidungen bereits mit dem Willen Gottes eins sind und seine Wünsche und Ziele schon von der

Bibel her kennen – und sie zu ihren eigenen gemacht haben. Aber nur ein erneuter Denksinn ist fähig, auf die zarten Hinweise und Mahnungen des Geistes einzugehen. Er bekommt geübte Sinne zur Unterscheidung oder Beurteilung des Idealen wie auch des Üblen, nach Hebr 5,14. Geistesmenschen müssen nicht wie Ochsen, Maultiere oder Rosse gezügelt und geritten werden. Ihre normalen Entscheidungen ruhen im Willen Gottes, der sich durch den Geist im Einklang mit der Schrift in ihrem Geist und Gewissen bezeugt.

Der seelisch-schwärmerische, unmündige Gläubige wird, wenn er unter Geister-Leitung gerät, beinahe willenlos durch akustische oder innere Stimmen, Eingebungen und Gesichte bedrängt, genötigt, getrieben und buchstäblich vergewaltigt. Er steht unter einer zwingenden Macht, der er sich nicht entziehen kann, und er führt automatisch aus, was der ›Geist‹, d.h. die Geister, befehlen, selbst wenn es wider alle Vernunft und Logik ist. Außergewöhnliche Erfolgserlebnisse und Erfahrungen werden ungeprüft für göttlich-geistliche Wirkungen gehalten. Die Persönlichkeitsfeindlichkeit der Geister bewirkt in kurzer Zeit ein höriges Marionettenverhältnis. Die Irrgeister wirken nicht nur auf die Seelen- und Gefühlswelt des Verführten ein, sondern auch auf die Gedankenwelt. Sie steuern ihr Opfer in jeder gewünschten Richtung, selbst ge-

gen klare Anweisungen des Wortes Gottes. Dabei kommt ihnen das sklavische Passivitätsverhalten des Betrogenen vorzüglich zu Nutzen. Die verständliche Furcht, dem vermeintlichen Heiligen Geist zu widerstreben, kann zu den widernatürlichsten und ungeistlichsten Handlungen führen. Während das echte Leiten und Wirken des ›Heiligen Geistes‹ am Menschen sich imühevoll-liebenden und geduldig-tragenden Mitgehen äußert, blendet der Pseudo-Geist spontan durch frappierende und imponierende Augenblickserfolge.

Im übrigen kann nicht eindringlich genug darauf hingewiesen werden, dass fast der gesamte Irrtum in der Gemeinde Jesu heute mit der Tatsache zusammenhängt, dass die drei Inspirationsgaben, die zum Aufhören bestimmt waren, entgegen dem Wort des Paulus von 1.Korinther 13,8 weiter gepflegt werden! Sogenannte ›Neupropheten‹ haben der Gesamtgemeinde nichts mehr zu sagen (Hebr 1,1). Der erhöhte Christus hat durch den Mund der neutestamentlichen Apostel und Propheten alles gesagt, was die Gemeinde bis zu ihrer Hinwegnahme wissen muss. Prophetisch begabte Brüder schließen das Wort auf und machen es für unsere Zeit aktuell bis in das persönliche Leben des einzelnen Gemeindegliedes hinein.

Man hat mir oft den Vorwurf gemacht, ich würde das Kind mit dem Bade ausschütten. Dahinter steht der Gedanke, man müsse sich die Mühe machen, die Spreu vom Weizen zu trennen. Diesen Versuch habe ich viele Jahre gemacht und wegen seiner Undurch-

führbarkeit aufgegeben. Es genügt nicht, den Sektor des Charismatischen von unnüchternen Elementen zu reinigen – gleichsam einige Korrekturen vorzunehmen –, das gelingt nicht! Der Schwarmgeist hat nicht brauchbare und falsche Elemente, er hat nur unterschiedliche Entwicklungsphasen. Quillt auch aus einer Quelle Bitteres und Süßes (Jak 3,11)? Wo wir die Türen vor ihm nicht fest und entschlossen verriegeln, spielen wir mit dem Feuer durch den kleinsten Spalt dringt er ein–, dann aber werden wir mitschuldig an allen unheimlichen Folge-Ereignissen. Hüten wir uns auch vor der Befleckung des Geistes! (2Kor 7,1) Darum...

Wehrt den Anfängen!

Die sogenannten Charismatiker haben nicht ein Pfündchen, das uns bereichern könnte! Wo immer sie eindringen, gibt es Zertrennung und Ärgernis. Darum sagt Paulus in Römer 16,17.18: »Weichet von ihnen! . . . durch süße Worte und prächtige Reden verführen sie die Herzen der Arglosen.« In Christus allein haben wir alles und volle Genüge! Denn in Ihm wohnt die ganze Fülle der Gottheit leibhaftig. Und wir sind vollkommen in Ihm! Das genügt! Gott aber sei Dank für seine unaussprechliche Gabe (2Kor 9,15). Um jedem Missverständnis zu entgehen, möchte ich nochmals mit Nachdruck betonen, dass ich aufgrund der Schrift nur die drei für heute nicht bestimmten und nicht mehr benötigten Inspirationsgaben, die soviel Betrug, Verwirrung und Irrtum hervorrufen, ablehnen muss, dass aber alle übrigen Gnadengaben, von de-

nen die Apostelbriefe sprechen, erhalten bleiben, weil der erhöhte Herr auch heute noch in seiner Gemeinde gemäß seiner Souveränität Weisheit, Macht, Gnade und Barmherzigkeit durch sie wirken möchte. Jesus Christus ist gestern, heute und in alle Zukunft noch derselbe, und Seine Durchhilfen haben wir hundertfach erfahren dürfen. Dafür sei Er gepriesen! Von der unnüchternen Schwerpunktverlagerung auf das Gabengebiet und der schwärmerischen Verfahrensart, mit diesen Gaben umzugehen, muss ich aber ernstlich und entschieden warnen. Satan schreckt heute nicht davor zurück, die heiligsten Dinge zu missbrauchen. Joh. Seitz, Teichwolframsdorf, schrieb im ersten Kampf gegen den Schwarmgeist an den bekannten Evangelisten Elias Schrenk:

»Ich habe nicht gewusst, dass Satan sogar das Blut Jesu rühmen kann!« Nehmen wir diese Dinge nicht so leicht, es sind oft die ernstesten und treusten Gotteskinder, die seiner Täuschung zum Opfer fallen. Nach meiner Beobachtung und Erfahrung ist es sehr schwierig, aus der Umklammerung des Schwarmgeistes wieder herauszukommen, denn er wirkt wie ein Impfstoff, der gegen die Wahrheit immun macht! Eher wird ein Schwärmer an Gott irre, als dass er einsieht, ein Betrogener von Finsternismächten zu sein. Ich habe es nur selten erlebt, dass ein Verführter nach jahrelangen, schweren Kämpfen zur Erkenntnis der Wahrheit gekommen ist. Haben wir darum keine Gemeinschaft mit den unfruchtbaren Werken der Finsternis, vielmehr entlarvt sie!, sagt Paulus in Eph. 5,11.

Es könnte nun der Eindruck entstanden sein, als sei die charismatische Verführung die einzigste ernst zu nehmende Gefahr für die Endzeitgemeinde, so dass sich unsere Wachsamkeit auf andere gefährliche Einflüsse nicht zu konzentrieren hätte.

Die größere Gefahr

Der Fürst dieser Weltzeit hat viele ›Eisen im Feuer‹, und er weiß den Einzelnen und ganze Gruppen auf ihre Schwachstellen hin wohl anzusprechen. Wasser dringt durch alle Löcher ins Schiff, darum hilft es wenig, nur das größte abzudichten. Theologischer Neurationalismus, Wissenschafts- und Fortschrittsglaube, ökumenischer Synkretismus, historisch-kritische Bibelauslegung, sozialistisches Befreiungsevangelium und wie die babylonischen Varianten jenes andersartigen Evangeliums moderner Bibelvergewaltigung auch heißen mögen, sie faszinieren so manchen Unbefestigten. Im ganzen aber sind sie für die wahre Gemeinde Jesu noch irgendwie durchschaubar. Sie kennzeichnen allerdings den Abfall auf der kirchlich-religiösen Ebene. Darum halte ich die Verführung der Glaubenden auf dem geistlichen Sektor für die gefährlichere, weil gerade auf diesem der ernsthafte Christ, der seinen geistlichen Mangel noch spürt, am leichtesten ansprechbar ist.

Verführung beginnt in der Regel in der Übertreibung des Guten

Wer aber fühlt sich schon vom scheinbar Guten ge-

fährdet? Die göttliche Weisheit liegt in der geistlichen Selbstbescheidung und nicht in der seelisch fleischlichen Selbsterhöhung. Die Charismatische Bewegung hat die Tendenz des Maßlosen in all ihren Erscheinungsformen, darum wird es uns so schwer, in ihr evangeliumsmäßige Bezüge zu entdecken. Ob es mir gelungen ist, ein Warnsignal zu setzen, muss ich Gott überlassen. Gewiss – niemand lässt sich gerne warnen. Jeder will doch – und das haben wir mit den Weltmenschen gemein – seine Torheiten selber machen. Unser Selbstvertrauen ist grenzenlos! Niemand lernt aus den Erfahrungen anderer, nur eigene Enttäuschungen machen klug. Und wenn wir dann doch eines Tages einsehen müssen, dass wir vom Feind übervorteilt wurden, dann ist der Lerneffekt um so größer. In dieser Hinsicht bin ich ohne Sorge. Nur das gebrannte Kind scheut das Feuer!

Dennoch! Zur Warnung ist jeder verpflichtet, der eine geistliche Lektion hinter sich hat. Gott lässt niemand ungewarnt ins Verderben rennen. Wie hat Er sich um sein Volk Israel gemüht, um es vor dem Abfall zu bewahren. Mose und alle Propheten, einschließlich ihres Messias Jesus, haben mit größter Eindringlichkeit und in detaillierter Gründlichkeit alle Gefahrenpunkte aufgezählt, und die Folgen des Ungehorsams und der Untreue gegen Gottes Gebote so plastisch dargestellt, dass es uns heute unvorstellbar erscheint, wie dieses Volk sich dennoch für den Irrtum und gegen seinen Gott entscheiden konnte. Wir alle kennen die Folgen.
Nach Rudi Holzhauer"

Das Ergebnis der Mühen

Nachdem ich Buße getan und dem Schwarmgeist abgeschworen hatte, besserte sich mein Zustand wesentlich. Aber es kostete mich viel an Kraft und es gab schwere Kämpfe, denn der Satan wollte mich nicht gehen lassen. Letztendlich lohnte sich jedoch die große Anstrengung. Der geistige Part war erledigt. Doch die Krankheit war immer noch vorhanden. Im nächsten Abschnitt kommen Ausführungen dazu, wie man sich als Schizophrener gesundheitlich und körperlich stabilisieren kann, damit man sich übermäßiges Leid und Unbehagen erspart. Diese Methoden habe ich mir mit der Zeit angeeignet. Sie haben sich als nützlich erwiesen. Diese Ratschläge sind auch für Nicht-Christen mit dem Krankheitsbild Schizophrenie geeignet.

Ratschläge für Schizophrenie-Kranke

Wir Menschen unterscheiden uns, und daher verläuft eine Psychose nicht bei jedem gleich. Manche haben nur einen psychotischen Schub in ihrem Leben und erholen sich gänzlich davon. Einige haben mehrere akute Phasen, die wieder abklingen, bei anderen bleibt die Krankheit Schizophrenie chronisch erhalten. Ich selber hatte meine akuten Phasen mit Aufenthalten in verschiedenen Kliniken über einen mir sehr lang vorkommenden Zeitraum von ca. 12 Jahren. Danach bekam ich die Psychosen immer stärker in den Griff, wobei die sog. Negativsymptomatik, auf die ich später zurückkomme, vorhanden blieb.

Wenn man so schwer leidet, erscheint einem oft der endgültige Ausweg, der Selbstmord, sehr attraktiv. Doch „Selbstmord ist eine endgültige Lösung für ein vorübergehendes Problem", wie einmal jemand treffend sagte. Es gab und gibt auch bei mir immer wieder schöne Lebensabschnitte, die ich nicht missen will. Ich hätte sie nie erlebt, wenn ich mich umgebracht hätte. Daher ist das einzig Wichtige, dass ich einer Person, die eine schwere Phase durchmacht, raten würde: Geduld, Geduld und nochmals Geduld! Es kann sich alles wieder ändern. Es gibt immer Hoffnung!

Während man heute schon versucht, natürliche Alternativen zu den teilweise das Lebensgefühl einschränkenden Medikamenten zu finden, hatte ich keine Wahl, als die mir angebotenen Psychopharmaka zu nehmen. Daher weiß ich nicht, wie mein Leben verlaufen wäre, wenn ich darauf verzichtet hätte. Das erste Jahr hatte ich Psychopharmaka abgelehnt, als es mir im Bundeswehrkrankenhaus verschrieben werden sollte. Doch die Symptome gingen nicht weg. Im Gegenteil, es wurde immer schlimmer. Daher entschloss ich mich schweren Herzens, die Tabletten zu nehmen. Heute sollte man auf jeden Fall auch anderweitige Erkundigungen zu möglichen Alternativen für die Medikamente einholen, die Forschung fördert immer wieder neue Erkenntnisse zu Tage. Natürlich sollten sie aus einer seriösen Quelle stammen. Aber man sollte trotzdem immer offen dafür sein, sich medikamentös behandeln zu lassen. Man sollte sich mit seinem Arzt absprechen, welchen Weg man einschlägt. Dazu gehört auch, mit seinem Psychiater ein vertrauensvolles Verhältnis aufzubauen, welches in akuten Phasen tragfähig ist.

Für mich war es lebenswichtig, schlafen zu können. Vor einer psychotischen Episode geht meistens eine längere Zeitspanne der inneren Erregung und damit auch wachen Nächten voraus, in denen man schlecht schläft, manchmal auch gar nicht. Dabei findet oft eine stressige Überaktivität im Alltag (Stress ist Gift!) statt, bei der man nicht mehr zur Ruhe zu kommen scheint. Am besten man versucht, hier entgegenzulenken, was manchmal gelingt, manchmal aber trotzdem

in die Psychose mündet. Ich nehme heute ein Schlaf-
mittel, das nicht wie ein Beruhigungsmittel sediert
und abhängig macht, sondern ein schlafförderndes
Antidepressiva. So habe ich nicht mehr so viele psychotische Phasen. Was mir immer geschadet hat, war
der Gebrauch von zu viel Alkohol. Man schläft dadurch sehr schlecht, was wiederum eine schlafverhin-
dernde Phase mit sich bringen kann.

Sehr viele Menschen mit einem solchen Krankheitsbild sind sehr, sehr starke Raucher. Auch ich war so
einer. Man hat herausgefunden, dass Nikotin sich auf
psychische Krankheiten zu einem gewissen Teil positiv auswirken kann. Ja, das Nervengift kann tatsächlich Symptome lindern. Ich selber kenne keinen Menschen mit Schizophrenie, der kein starker Raucher ist.
Doch machen wir uns nichts vor: Rauchen mag zwar
die Symptome ein wenig lindern, es wird aber den
Körper auf Dauer schädigen! Vor zweieinhalb Jahren
war ich aufgrund meines schlechten Gesundheitszu-
standes wegen dem Qualmen gezwungen, damit zu
brechen. Es war ein sehr harter Kampf in der Entzugs-
phase, nicht mehr zum Glimmstängel zu greifen, aber
das Resultat ist durchweg positiv. Ich fühle mich besser, kann tiefer durchatmen und muss nicht mehr ständig husten. Anstatt jede halbe Stunde eine Kippe an-
zuzünden, habe ich begonnen, Sport zu treiben. Dazu
später noch mehr.

Was mir zusätzlich hilft, ist es, meinen Geist zu beschäftigen. Während den schlimmen Jahren habe ich
sehr viel gelesen. Auf diese Weise kann ich mich sel-

ber vergessen und drehe mich nicht immer um bestimmte Befürchtungen, die sowieso nie eintreffen. Der positive Nebeneffekt, der sich dabei einstellt, ist eine sich selbst angelernte große Allgemeinbildung. Ich habe eine große Menge an Sachbüchern gelesen. Auch Bücher über die Krankheit. Dadurch konnte ich meinen Geist ordnen. In akuten Phasen war das zwar nicht mehr so gut möglich. Zu groß waren dann die Ängste und Wahngedanken, aber bevor es dazu kommt, kann man möglicherweise seine Gedanken auf ein anderes Ziel ausrichten und damit einen Schub abschwächen oder ganz verhindern. Man wird dabei verschiedene Erfahrungen machen, aus welchen man lernen kann.

Wichtig im Leben eines psychisch Kranken sind beständige und stabile Beziehungen zu seinen Mitmenschen. Ein soziales Gerüst, was in Krisenzeiten trägt, ist sehr wichtig! Leider neigen Psychotiker dazu, in die Isolation zu flüchten. Das liegt daran, dass die Umwelt den Kranken häufig nicht versteht und dass der Kranke in der Regel ein Zerrbild der Wirklichkeit hat, so dass er sich sogar von befreundeten Personen bedroht fühlen kann. Das kann von einfachen Missverständnissen bis zur körperlichen Aggression gehen. Es können sich aber auch die Mitmenschen wegen ihrer Ratlosigkeit und Hilflosigkeit angesichts der fremdartigen Handlungen und Gedanken während der Psychose zurückziehen. Wer eine Psychose bekommt, wird merken, bei wem es sich um verlässliche Freunde handelt, denn sie wird eine Freundschaft normalerweise unter Zerreißprobe bringen.

Der soziale Rückzug der erkrankten Person ist Teil der sogenannten Negativsymptomatik. Dieses Bündel an Einschränkungen wird neben der Positivsymtomatik, bei der Wahngedanken im Vordergrund sind, als zusätzlich belastend wahrgenommen. Ein Schizophrener hat zwar immer noch ein Gefühlsleben; die Gefühle werden jedoch als abgeschwächt wahrgenommen. Experten sprechen von einer verminderten Schwingung der Gefühle. Man hat ständig den Eindruck: Irgendwas fehlt! Obwohl Grund zur Freude da sein sollte, wird die Freude nicht richtig wahrgenommen. Obwohl man Grund hätte, wegen eines beruflichen oder nebenberuflichen Erfolgs eine innere Befriedigung zu haben, will sie sich nicht einstellen. Darum können Schizophrene oft keine Gefühle zeigen, sondern sie laufen den ganzen Tag mit ein und demselben Gesichtsausdruck umher. Das ist traurig, aber wahr. Gerade deshalb neigen so viele Psychotiker zur Sucht. Wenn sich die positiven Gefühle nicht mehr einstellen, dann helfen sie mit Suchtmitteln nach. Sexsucht, Pornosucht, Spielsucht, Alkoholismus, Rauchen, Drogensucht: Schizophrene Personen sind verstärkt diesen Gefahren ausgesetzt. Ich selber habe zwar mit den meisten dieser Laster gebrochen, aber von Zeit zu Zeit brauche ich immer noch Alkohol oder ein Rezept mit Tavor oder Schlaftabletten, um überhaupt etwas zu fühlen. Meine Ärztin achtet dabei auf ein ausgewogenes Verhältnis. Es gibt aber noch eine Sache, die mir zusätzlich geholfen hat: Der Sport!

Nachdem ich gezwungen war, mit dem Rauchen aufzuhören, musste ich lernen, diese Sucht zu kompensieren. Hierbei half mir der Radsport. Positiv dabei empfindet man die Bewegung an der frischen Luft, das Einssein mit der Natur und die körperliche Anstrengung, durch welche man Glücks- und Hochgefühle bekommt. Neben dem Fahrrad half mir auch das Schreiben und andere kreative Arbeiten wie z. B. Fotografieren oder Arbeit am Computer. Jede Person mit dieser Krankheit sollte sich einen Ausgleich durch Aktivitäten suchen, die sie gerne macht. Mir wurde auch angeboten, in einer sozialen Werkstatt für psychisch Kranke zu arbeiten, doch mich schreckte ab, hier eine sehr eintönige und stupide Arbeit tun zu müssen. Nicht jede Werkstatt ist deswegen schlecht. Für manche sind Werkstätten von Vorteil. Für mich wäre es auch gut gewesen, mehr sozialen Umgang zu haben, doch ich wollte lieber mein Leben selber nach meinen Interessen ausrichten. Es hat einigermaßen gut geklappt. Ich kann meinem Tag eine gute Struktur geben und habe wenig langweilige Momente. In letzter Zeit kam dann auch noch ein Garten dazu, um den ich mich mit kümmere, also ein neues Aufgabengebiet, welches Freude bereitet.

Trotz allen diesen Punkten wird man als chronisch Kranker ausgedehnte Leidenszeiten erfahren. Ich muss ehrlich sagen: Wenn ich nicht den Glauben an Jesus Christus hätte, so hätte ich sehr wahrscheinlich meinem Leben ein Ende gesetzt. Das, was mich am Leben erhält, ist die Hoffnung, die über den Tod hinausgeht.

Jesus kam, uns zu erlösen, preiset den Herrn

(Seelenheillied, Autor: Maria Rosina Johanna Meyer (1851-1921))

1) Jesus kam, uns zu erlösen,
preiset den Herrn!
Er zertrat die Macht des Bösen,
preiset den Herrn!
Sünder, ihr habt nichts zu tun,
als die Gnade zu erfassen,
und euch reinigen zu lassen;
preiset den Herrn!

2) Selber kann man's nicht erzwingen,
preiset den Herrn!
Jesus nur kann es vollbringen,
preiset den Herrn!
Er nahm mir die Fesseln ab,
hat dafür ein neues Leben,
Kraft und Frieden mir gegeben;
preiset den Herrn!

3) Allen ist das Heil erschienen,
preiset den Herrn!
Keiner muß dem Laster dienen,
preiset den Herrn!
Keiner muß verloren gehn!
Sagt es allen hier auf Erden:
Wer da will, kann selig werden,
preiset den Herrn!

Wenn Sie sich für den christlichen Glauben interessieren, könnte ihnen folgende Linkliste vielleich hilfreich sein. Ich übernehme allerdings keine Gewähr für Inhalte. Die Linkliste entstand durch meine Studien und hat sich als nützlich erwiesen:

Evangelistische Werke
1. Allein Christus / https://www.allein-christus.de
2. Gottesbotschaft / http://www.gottesbotschaft.de
3. I´ll be honest (deutsch) / https://illbehonest.com/german/
4. Leben und Hoffnung / https://www.leben-und-hoffnung.de
5. Lukas Schriftenmission / https://lukas-schriftenmission.de
6. Missionswerk Bruderhand / https://bruderhand.de
7. Mitternachtsruf / http://www.mnr.ch
8. Perufen / https://www.perufen.de/home.html
9. Romanes Arbeit Marburg / http://www.romanes-arbeit-marburg.de
10. Soulsaver / http://www.soulsaver.de
11. Stiftung Missionswerk Werner Heukelbach / https://heukelbach.org

Christliche Blogger
1. Bibel Blog / https://www.bibel-blog.de
2. Bibel Dienst / http://bibeldienst.ch
3. Botschaft des Staates Israel in Berlin (Blog) / http://www.botschaftisrael.de
4. Christliche Perlen / https://christlicheperlen.wordpress.com
5. Hanniel bloggt / http://hanniel.ch
6. Herold Blog / http://herold-blog.com
7. Jesaja 66:2 / https://jesaja662.wordpress.com
8. Kopten ohne Grenzen / https://koptisch.wordpress.com
9. Lebenssinn / https://lebenssinn.com
10. Nimm und lies / https://www.nimm-lies.de
11. Unwise Sheep / https://unwisesheep.org

Theologie

1. Apologetik Absolut / https://www.apologetik-absolut.de
2. Auftanken / https://www.auftanken.de
3. Bibelindex / https://www.bibelindex.de
4. Bibelkommentare / https://www.bibelkommentare.de/index.php
5. Bibelpraxis / https://www.bibelpraxis.de
6. Bibelstudium / https://www.bibelstudium.de
7. Bibelwissenschaft / http://www.bibelwissenschaft.de
8. Bibliothek der Kirchenväter / http://www.unifr.ch/bkv/index.htm
9. Endzeitinfo / https://endzeitinfo.jimdo.com
10. Endzeitzeichen / http://endzeitzeichen.blogspot.de
11. Evangeliumsbotschaft / http://www.evangeliums-botschaft.de
12. Glaube aktiv / http://www.glaube-aktiv.de/index.php
13. Glaubensgerechtigkeit / http://glaubensgerechtigkeit.de
14. Glaubensstimme / http://www.glaubensstimme.de/doku.php
15. Im Glauben leben / https://www.imglaubenleben.de
16. Kreuzlicht / http://www.kreuzlicht.de
17. Soundwords / https://www.soundwords.de
18. Zeltmacher / https://zeltmacher.eu

Bibel und Wissenschaft

1. Answers in Genesis / https://answersingenesis.org/de/
2. Apologetics Press / http://apologeticspress.org
3. Christian Answers.net / https://christiananswers.net/german/home.html
4. Factum / http://factum-magazin.ch
5. Genesisnet / http://www.genesisnet.info
6. IGenea / https://www.igenea.com/de/home
7. Janash / https://www.janash.de
8. Schöpfung.info / https://schöpfung.info
9. Wort und Wissen / http://www.wort-und-wissen.de
10. Wunder der Schöpfung / http://wunder-der-schoepfung.de

Webseiten bekannter Verkündiger

1. Alexander Seibel / https://www.alexanderseibel.de
2. Dr. Lothar Gassmann / https://l-gassmann.de
3. Johannes Ramel / http://www.johannes-ramel.at
4. Jürgen Fischer / https://www.frogwords.de
5. Jakob Tscharntke / http://www.nbc-jakob-tscharntke.de
6. Roger Liebi / https://www.rogerliebi.ch/d7
7. Werner Gitt / https://wernergitt.de

Verführung Inner- und außerhalb der Gemeinde

(Die verschiedenen Links können themenübergreifend sein. Sie sind nur einmal angegeben)

Sekten
1. Antichrist Wachturm / http://www.antichrist-wachtturm.de
2. Bruderinfo aktuell / http://www.bruderinfo-aktuell.de
3. Cleansed / http://www.cleansed.de
4. Handbuch Orientierung / http://www.bibel-glaube.de/handbuch_orientierung/
5. Relinfo / http://www.relinfo.ch

New Age, Esoterik
1. Achtung Lichtarbeit / http://achtung-lichtarbeit.de
2. Gateway / https://www.gateway-ev.de/home/index.php
3. Handbuch Orientierung / http://www.bibel-glaube.de/handbuch_orientierung/
4. Horst Koch / https://horst-koch.de
5. Lichtarbeit Verführung / https://www.lichtarbeit-verführung.de
6. Lichtarbeit.asia / http://www.lichtarbeit.asia
7. Netzwerk Esoterikausstieg / https://www.netzwerk-esoterik-ausstieg.de
8. Schriftenmission - Orientierung Okkultismus / http://www.schriftenmission.de

Verführung innerhalb der Gemeinde aufgedeckt
1. Andreasekklesia / https://andreasekklesia.wordpress.com

2. AG Welt / http://agwelt.de

3. Berean Beacon / https://bereanbeacon.org (mit deutschen Unterseiten)

4. Christliche Hauskreisgemeinde / http://www.christliche-hauskreisgemeinde.de

5. Das Wort der Wahrheit / https://das-wort-der-wahrheit.de

6. Der Ruf / http://www.der-ruf.info

7. Haus Gemeinde / http://www.haus-gemeinde.de

8. Irrglauben und Wahrheit / http://irrglaube-und-wahrheit.de

9. Love is more / https://www.loveismore.org

10. Ökumene Live / http://www.oekumene-live.de

11. The Berean Call (deutsche Unterseiten) / https://www.thebereancall.org/german

12. Verax Institut / http://veraxinstitut.ch/de/

Auseinandersetzung mit dem Islam

1. Answering Islam / http://www.answering-islam.org

2. Der Prophet / http://derprophet.info/inhalt/

3. Islam Analyse / http://www.islam-analyse.com

Werke, Kreise, Gemeinschaften

1. Adonia / https://www.adonia.de

2. Aktion Kinder in Gefahr / https://www.aktion-kig.de

3. Bekennende Evangelische Gemeinde Hannover / http://www.beg-hannover.de

4. Bibelklasse Bodensee / http://www.bibelklasse.de

5. Christlicher Gemeinde Dienst / http://christlicher-gemeinde-dienst.de

6. Christ im Dienst von Kranken e. V. / https://www.cdkev.de

7. Compassion / https://www.compassion.de

8. EBTC / https://ebtc-online.org

9. Tauernhof Austria / http://tauernhofaustria.at/de/

10. Genfer Bibelgesellschaft / https://www.bibelgesellschaft.com/de/

11. Gibb e. V. / http://www.gibb-ev.de

12. Idea / https://www.idea.de/startseite.html

13. Konferenz für Gemeindegründung / https://kfg.org

14. Kultur und Medien online / https://kultur-und-medien-online.blogspot.de

15. Liebenzeller Gemeinschaftsverband / https://www.lgv.org
16. Maleachi Kreis / http://www.maleachi-kreis.de
17. Open Doors / https://www.opendoors.de
18. Pro Leben / http://www.pro-leben.de/index.php
19. Tychikus / http://www.tychikus-ev.de
20. We are away / https://weareaway.net

Download-Portale
1. Bibelcartoons / http://bibelcartoons.de
2. DWG-Load / https://www.dwgload.net
3. E-Water / http://www.e-water.net
4. Evangeliums Net / https://www.evangeliums.net
5. Sermon Online / http://www.sermon-online.de

Christliche Hör- und Radiosender
1. BBN Biblischer Hörfunk / http://www.bbnra-dio.org/wcm4/german/Home/tabid/138/Default.aspx
2. DWG Radio / http://de.dwg-radio.net
3. Glauben durch Hören / https://www.glauben-durch-hoeren.de

DVD und Video
1. Drei Linden Film / https://www.dreilindenfilm.de
2. Mehrvideos / https://www.mehrvideos.de

Bibeltreue Literatur
1. Artos Verlag / https://artos-verlag.de
2. CLV / https://clv.de
3. CMV / http://www.cmv-duesseldorf.de/de/
4. Daniel Verlag / https://www.daniel-verlag.de
5. Edition Nehemia / https://www.edition-nehemia.ch
6. Jeremia Verlag / https://jeremia-verlag.com
7. Leseplatz / https://www.leseplatz.de/cgi-bin/navigation/rm/start/

Thema Israel
1. Amzi / https://www.amzi.org
2. Botschaft Israel Blog / http://www.botschaftisrael.de

3. Der Messias im Tempel / http://www.dermessiasimtempel.com
4. Faszination Israel / https://faszinationisrael.de
5. Israel heute / http://www.israelheute.com
6. Israelnetz / https://www.israelnetz.com
7. Torah Calendar / http://www.torahcalendar.com

Online Bibeln
1. Bibel aktuell / http://www.bibel-aktuell.org
2. Bibel online / http://www.bibel-online.net
3. Bibelserver / https://www.bibleserver.com
4. Schlachterbibel / http://www.schlachterbibel.de/de/bibel/

Termine finden
1. Bibeltermine / https://www.bibeltermine.de/index.php?home
2. Gastprediger.net / https://gastprediger.net
3. Gemeindtermine.net / https://gemeindetermine.net

YouTube Kanäle
1. Apologetik Absolut / https://www.youtube.com/channel/UCtymSZyCzDYJ4qa8_ZRXvhw
2. BibelundKoran Team / https://www.youtube.com/channel/UC-ROoMhnu4p6mNPlACmLdEdA
3. Bibelchannel / https://www.youtube.com/channel/UCa7uw-rEpnYB3I-GsVkxY5Nw

4. Christ-Wiki / https://www.youtube.com/channel/UC2vgwU-VirbJtjAaDlgSjTLg/

5. Christliche Predigten / https://www.youtube.com/channel/UC-VIxVulM57517y9gRfHw45g
6. Das Bibel Projekt / https://www.youtube.com/channel/UCMvmlvKoZV0vcM2kjLwOAbQ
7. Elija Nathan / https://www.youtube.com/channel/UCMVfg-WogKXsoMXN9ieTwzJA
8. Glaubensgerechtigkeit / https://www.youtube.com/user/DasNeueTestament
9. Heukelbach / https://www.youtube.com/chan-

nel/UCVC2inCkNLYxWpmy9J-QAbA

10. Lothar Gassmann / https://www.youtube.com/user/Lothar-Gassmann

11. Martin Luther 2.0 / https://www.youtube.com/channel/UCAJR8ZhSn36kC4YceHHMCAQ

12. Memra TV / https://www.youtube.com/channel/UCL-kY4stLxhcm5lPuiy2sEwA

13. Mitternachtsruf / https://www.youtube.com/user/Mitternachtsruf

14. Olaf Latzel / https://www.youtube.com/channel/UCEeVTdK_Q-O_obx-5Ju-qqQ

15. Roger Liebi Live / https://www.youtube.com/channel/UCLYllfXf1xqDBnoKPxTfXkw

Herstellung und Verlag:
BoD - Books on Demand, Norderstedt
ISBN 978-3-7528-2246-5